山岳・瀑布・渓谷を巡る
〜50年の記録
芝田 宏和

はじめに

若い頃から、滝や渓谷、山などに親しみ、今までに数多くの滝や山、海岸を訪れてきました。しかし、年齢は70を超え、今までのような体力を使う自然探訪は、難しくなってきました。そこで自然探訪歴50年の節目に、これまでの探訪の中から、特に印象に残るものを選んで、一冊にまとめたいと思いました。中学生の時から日記を付けていて、自然探訪の折にも、その時の思いなどを綴ってきました。本書は、それをもとに書き上げたものです。

また、自然探訪の際には、いつもカメラを携え、多くの写真を撮ってきました。それらの中から、作品として残せそうなものを、写真集を兼ねて掲載しました。作品は古いものを除き、全て岐阜市の写真・カメラ専門店「ミタフォート」さんのレタッチで仕上がったものです。探訪初期の写真は古いため、アルバムからスキャンしたものや最近撮った写真を代わりに掲載したものもあります。その場合は撮影年月を付しました。年代順に編集しましたが、掲載写真の都合で、一部前後している場合があります。

【目次】

松見滝　（青森県、八甲田山）　1975年10月17日

八甲田山中にかかる日本屈指の名瀑。落差は2段90m。学生時代、東北一人旅の折、憧れの松見滝《まつみのたき》を訪れる。前日の宿泊地、三沢市をバスで発ち、奥入瀬渓流の黄瀬で下車。黄瀬川に沿って林道を歩く。少し先で、土地の人の軽トラックが通りかかったので、途中まで乗せてもらう。林道は至る所で崩壊し、復旧工事の最中。先日の台風禍だという。運転手の話によると、この辺りは山菜やキノコが豊富で、それらを求めて来る人がよくあるが、土地の人でさえ道に迷うことが多く、先日も消防団が救出に向かったという。

軽トラを降り、滝を目指して足早に進む。林道を逸《そ》れ、滝への山道に入る。しばらくすると谷の両側が大きく崩れ、道が消えている。あるはずの橋もない。地形図を見て現在地を確認し、ここに橋があったことを確信する。徒渉《としょう》点を探し、靴を脱ぎ、対岸へ渡る。果たして、そこからまた山道が通じていた。キノコが至る所に生えている。キジが驚いて飛び去る。やがて「松見滝」と記された小さな標識があった。

しかし、いくら進んでも滝は現れず、道は谷筋から遠ざかるばかり。支谷を横切る所で、また道が流失していた。向こう側へ渡ったものの、続く道が分からない。どの方向へ行っても行き止まり。不安と焦りが募り、じっとしていられなくて、あちこち歩き回るようになる。

最後に一つだけ残された道があった。この道は進行方向とは逆方向で、上りになっているため、てっきり、これまでの道の逆戻りと思い込んでいた。そのため最初から度外視していたのだが、こ

の道こそ滝に至る道だった。谷筋へ下ることばかり考え、尾根筋へ上がる部分もあることを考えていなかった。

谷底から50mほどの高さで道は続いている。歩き始めてかなり経つ。そろそろ滝に着いてもよい頃だ。もしや道を間違えて、滝を通り過ぎたのではないだろうか。そんな心配をしながらたどると、あった！「松見滝15分」という小さな標識が。

滝への道を駆け下る。滝の音がしだいに大きくなる。目に飛び込んできた松見滝の華麗なこと。陽を浴びて白く輝いている。上段が落差70mほど。垂直に近い岩壁の上を、真っすぐに勢いよく落下している。美しく力強い流身だ。滝壺は手前の岩壁に隠れて、全部は見えない。下段は20mほど、幅広の滝。滝の構成も良いが、周囲の景観の素晴らしさには目を見張る。中国の山水画を思わせるような景観。滝の両側には岩峰が鋭くそびえ、滝はその間を深く深くえぐって落ちている。恐るべき深く鋭い切れ込みだ。右側の岩峰は、柱状節理が見事に発達している。

左右の岩峰の上には紅葉した木々が生い茂っている。こうした滝の景観は初めて観るもの。東北一の名瀑ともたたえられるが、それもうなずける。谷が深く、訪れる人もいないので、秘瀑の雰囲気が漂う。それにしても、このような滝が日本にあろうとは……。この分だと、まだまだ一般に知られていない名瀑があることだろう。

帰りは真っすぐに林道まで上がり、八甲田の山並みを眺めながら、美しいブナ林の中を歩く。しばらく行くと、十数頭の牛を引き連れた土地の人々に追いついた。その中には、先ほど、軽トラに乗せてくれた人もいた。しばらく、牛と一緒に歩き、無事、黄瀬に戻る。

大山・大山滝

（鳥取県、１７２９ｍ）　1976年8月9日

中国地方の最高峰で、この地方随一の名山。山陰の旅の折、友人と登る。米子市で、大学ゼミの同期、K君、N君と合流し、登山口の大山寺《だいせん》で宿泊。翌9日、4時半出発。N君の懐中電灯を頼りに歩く。中腹から、日本海、中海、弓ケ浜の眺めが素晴らしい。特に弓ケ浜の海岸線はこの上もなく美しい。８合目からは霧に包まれ、７時半、山頂に着く。

頂上小屋で食事した後、霧が吹き付ける稜線を縦走する。ほとんどの登山者は危険を避けて、縦走を取り止めている。我々の前を２人が進んで行った。ナイフの刃のような絶壁が続き、視界は霧のためわずかしかない。霧混じりの強風が吹き付ける中、体を屈め、バランスを取りながら、細心の注意を払って進む。山に登って死を意識したのは初めてのこと。下手をしたら死ぬかもしれないという不安が付きまとい、緊張の解けることがない。霧が昇ってくる南壁は、恐怖を感じさせるほどの迫力がある。こうしたナイフリッジが１km以上も続く。

しばらくすると急に霧が晴れ、青空がのぞくようになる。遠くの山々と日本海が望まれる。苦労してきただけに、この時の喜びは一入《ひとしお》。すぐ先のピークで休みながら、雄大な景色に見入る。この先のピークから憧れの大山滝へ下っていく。大山滝は上下2段の滝が、滝壺を挟んで見事な構成を見せる。この後の道のりが長かった。バス停のある三本杉まで黙々と歩く。バス停に着いた時には疲れ切っていた。近くの店でスイカを御馳走になる。この日は鳥取市に宿泊。厳しい一日だった。20kmは歩いただろう。N君とK君は、スニーカーでよく付き合ってくれたものだ。２人に感謝。

不動七重滝

（奈良県、大峰山）　１９７６年9月23日

大峰山中にかかる日本屈指の名瀑。落差は7段１６０ｍ。

前日、急に思い立ち、名古屋から紀勢本線の夜行急行で、憧れの不動七重滝《ふどうななえのたき》へ。この滝を観てしまったら、もう、これを凌《しの》ぐ滝は現れないかもしれないという恐れを抱いて。熊野市に5時着。外気は思いのほか冷たい。空気は澄み、期待通りの晴天。日の出の海岸を少し歩く。七里御浜《しちりみはま》の海岸線が美しい。国道端の屋台でラーメンをすする。

始発のバス便が遅いので、ヒッチハイクを断行。トレーラーやバンを乗り継いで滝へ向かう。初めての本格的ヒッチハイク。乗用車はほとんど止まってくれないが、トラックやバンは親切だ。地元の人の中には、丁寧にも停車し、「あいにく、反対方向なので乗せてやれない」と言ってくれる人もあった。車を降り、次の車を拾うまでの間は、早朝の清々しい空気を吸いながら歩く。前鬼口から滝を目指して林道を歩いていると、大阪から来たという営林署の車が通りかかり、乗せてもらう。営林署詰所の少し奥に立派な滝があることを話すと、滝まで乗せていってくれた。滝のかかる前鬼川の谷は奥深く、人気が全く感じられない。やがて谷が狭くなり、両側に切り立つ大岩壁が見え始めた。いよいよだ。

まず、最下段の白い美瀑が目に入った。それからすぐに主瀑が姿を見せた。そしてその下に続く、3段の実に美しい水の流れ。予想以上に素晴らしい滝だ。車を降り、眺め入る。全部で6段の滝が見える。最上段の滝は見えない。6段合わせて１４０ｍほど落差がある。第3段の主瀑は70ｍほど

← 不動七重滝　2018年4月撮影

ある。ここから観る滝は、第3段から第6段までが見事な構成を見せる。第3段の直瀑を受けて、第4～6段の幅広の美瀑が、白い水の糸を引いて青い滝壺に落ちている。この構成の見事さは松見滝を思い出させる。松見滝が一分の隙もないほど巧緻《こうち》なのに比べ、不動七重滝は大自然の中に悠然とその姿を見せている。その規模の大きいこと、奥深いこと。滝をかける大岩壁は垂直に切り立ち、周囲の原生林の中にその雄大さを見せている。滝のスケールが大きいためか、滝が周囲の景観の中に収まり切らないように見える。

滝に着いたのが8時過ぎ。滝はまだ山の陰になり、陽が射さない。腰を下ろし、滝を眺め続けていると、しだいに陽が射すようになり、流身が白く輝き出した。1時間もすると、滝の半ばが白く輝くようになった。この滝は、松見滝や白水滝《しらみずのたき》をも凌いで、華厳滝《けごんのたき》と肩を並べるかもしれない。大した滝を観てしまったものだ。誰かが日本一と称賛していたのもうなずける。

10時頃、車がやって来て、中年風の男性が滝を観に出てきた。言葉を交わすうちに意気投合し、この奥にそびえる釈迦ヶ岳まで一緒に登ることにする。道々、話を聞くと、波乱に富んだ半生で、個性的な人のようだ。三重県紀勢町在住のO氏。登山口から2時間半登り、もう少しで稜線に出るという時、急に空模様が怪しくなり、きっぱりと引き返す。熊野市まで車で送ってもらった上、途中の店でウナギを御馳走になった。熊野市の浜辺で一寝入りしてから、列車で帰路につく。

称名滝　（富山県、北アルプス、立山）　１９８９年６月４日

落差３５０ｍ、日本一。圧倒的スケールを誇る日本屈指の名瀑。融雪期には、隣に落差５００ｍのハンノキ滝が出現し、称名滝《しょうみょうだき》と合わせてＶ字形の滝を眺めることができる。５時、家族で岐阜市内の自宅を出発。称名滝の手前にある高さ５００ｍの絶壁、悪城ノ壁《あくしろのかべ》は見応えがある。滝駐車場に９時半着。青空の下、滝まで歩く。前方にハンノキ滝が、長く白く輝いている。

称名川の水量は多く、期待で胸躍る。稜線付近の新緑は初々しく、目に染みるよう。新緑と豊富な融雪水―予想的中。近づくにつれてハンノキ滝が迫力を増し、称名滝もその一部を見せ始める。滝の手前に架かる橋まで来ると、滝壺に落下する迫力ある滝に、圧倒される。称名滝、ハンノキ滝が左右から同じ滝壺に落下し、水煙を50ｍの高さにまで濛々《もうもう》と上げている。称名滝の水勢は見事の一言。流身の力強さ、陽光に輝く奔流、スケールの大きさ……。

橋を渡って対岸に移ると、飛沫が全身に吹きつける。滝から１００ｍ以上も離れているのに、たちまち全身が濡れてしまう。30分以上ここで粘り、フィルム１本を使い果たす。次に建設中の滝見台に上って行く。ここからは滝壺が見下ろされ、滝の全容が、より一層はっきりする。１時間半経つうちに、日陰だった滝岩壁に陽が射すようになり、水に濡れて光る岩壁も、より印象深くなった。迫力あふれる称名滝を、心ゆくまで眺め続ける。

← 称名滝　右はハンノキ滝　2021年5月撮影

白水滝直下行

（岐阜県、白山）　1989年8月18日

白山山中にかかる日本屈指の名瀑。落差72m、滝をかける岩壁は巧緻《こうち》を極める。滝展望台から観る白水滝《しらみずのたき》は、端整な美しさを誇るが、この展望台は、延々と続く高さ100mの垂直断崖上にあり、ここから滝直下に至ることはできない。滝直下に立ちたい思いが募り、この垂直断崖が尽きる3km下流から、渓《たに》を遡行《そこう》する計画を入念に練る。

そして、いよいよこの日、白水滝直下への遡行を決行。その決断には勇気が要った。6時、自宅を出発。アワラ谷へ延びる林道の取り付きに着いたのが8時半。ゲートが閉じていたので、ここから林道を歩く。こんもりした森、ひんやり澄み切った空気、渓の音、木の香、湧く夏雲……。こうして大自然の中を歩いているだけで心安らぐ。ブナの原生林には森の精のようなものを感じる。林道からアワラ谷へ下るルートを見つけ、アワラ谷に降り立つ。逸《はや》る気持ちと不安の入り混じった、独特の気分が全身を包む。

徒渉を繰り返して渓を下ると、白水滝のかかる大白川との合流点に着く。ここからが本格的遡行。緊張が高まる。本流の大白川はとても広く、水勢が強くて水量も多い。この水勢に徒渉が難航。遡るにつれ、大きく深い淵が現れるようになる。渓が狭くなってくると、遡行ルートを見つけるのに苦労する。地形図一枚が頼りである。

地形図によると、この先で渓が絶壁に挟まれている。ここが最大の難関と予想された。最悪の場合、絶壁の上を100mほど高巻くか、淵を泳いで突破することも覚悟していた。朝から、このこ

← 白水滝　滝岩壁は白山の溶岩から成る　2018年10月撮影

とばかりが気にかかり、不安を募らせていた。いよいよその辺りと思われる場所に来たが、渓相に何の変化もない。知らぬ間に通り過ぎてしまったようだ。ほっとし、元気を取り戻す。

少し遡ると、すぐ先に釣り人が2人いるのが目に入る。独りで緊張しながら遡行してきた身には、心強いことだった。意外な出会いに、話が弾む。2人は地元の教師、U氏とS氏。8時に入渓し、ここまで釣り上がってきたところだという。白水滝を目指してやってきたと言うと、変わった趣味もあるものだと感心される。先に行かせてもらう。

遡行すること1時間あまり、白水滝の上部が姿を現した。ついにやってきた。これで十数年来の念願がかなう。逸る心を抑え、一歩一歩遡る。ダムに通じる谷を左に分け、右に進む。滝の正面に出た。滝の飛沫が飛んでくる。時刻はすでに11時半、遡行開始から3時間が経った。晴れ渡っていた空もほとんど雲に覆われている。滝は真東を向いているので、正午を過ぎると陽が射さなくなる。雲間から光がのぞいた時がラストチャンス。カメラを構えるとすぐに薄陽が射した。連続してシャッターを切る。飛沫が霧状になり、それに光が当たって濛々《もうもう》たる状態になっている。フィルム1本撮り終えたところで、滝を観ながら食事。

滝の美しさ、端整さという点では展望台からの眺めの方が勝るだろう。しかし、直下から見上げる滝には最高の迫力、滝体験がある。ヤッケを着て、滝の直下へ行く。目を開けていられないほどの水煙のため、容易に接近できない。あっという間に全身びしょ濡れになってしまった。仰ぎ見る滝は迫力、涼味とも格別。オーバーハングして落ちてくる滝を、飛沫を浴びながら眺め続ける。これで今年の夏も悔いなく終われるなあと思う。

帰途、先ほどの2人が釣り上がって来た。2人を白水滝まで案内した後、ダムのある谷に入る。大白川のコバルトブルーの水とは打って変わり、こちらの水は恐ろしいほど透き通り、深淵はインクを流したような不気味な濃紺色をしている。両側は切り立つ絶壁が続き、進むにつれ、谷から脱出することは絶望的に思えてくる。

大きな淵を、岩壁中段のバンドをへつって越えたり、垂れ下がっているワイヤーロープを見つけ、それをつかんで岩をよじ登ったりして、やっとダムの目前に着く。しかし、ダムの周りは草木一本生えない、つるつるの岩壁に覆われ、恐怖心を抱くほど。2人が諦めかけたところ、右手から急傾斜で注ぐ水流を登ってみようと提案。少し登ったところで、先頭のU氏がロープを発見。このロープを伝って登ると、そこに道が付いていた。信じられないようなハッピーエンド。

ダム湖畔に着き、無事、帰還できたことの喜びをかみ締める。できたばかりの露天風呂に浸かり、ジャンボタクシーで車の所まで引き返す。同じ体験をしたことですっかり意気投合した2人と別れ、帰路につく。それにしても、よくあの深い谷を進み、あの谷底から這《は》い上がってこられたものだと思う。

この後、現在に至るまで、白水滝は延べ16回訪れている。

鳳凰山・五色滝

（山梨県、南アルプス、2764m） 1993年10月10日

南アルプスの名峰、鳳凰山の地蔵岳には、尖塔「オベリスク」が突き立つ。ドンドコ沢に沿う登山路には、落差80mの五色滝がかかる。標高2200m、日本最高所にかかる名瀑。

深夜に自宅を発つ。天気予報は芳しくなかったが、五色滝の紅葉は今しかないこと、延期すれば、一昨日の雨による滝の水量が減ることなどを考え、予定通り決行。甲斐路に入ると、明けの明星が美しい。東の空が色彩を帯びてくると、暗い紫色からしだいに鮮やかさを増す。甲斐駒ヶ岳・鋸岳の独特のシルエットが右手に連なり、富士も美しいスカイラインをくっきりと見せている。地蔵岳方面は雲一つない。何という神の情け。すでに朝の輝かしい陽光が山肌を照らし、気は急くばかり。

7時、登山口の青木鉱泉に着く。先行するパーティーを幾組も後にして、樹林帯の中の柔らかい道を快調に進む。途中から急登が続き、しんどい。

3時間半後、五色滝に着く。明るい陽光を正面から浴び、輝いている。落口の空の何と青いこと。滝をかける岩壁の何と大きいこと。急な渓《たに》の中にあって、滝前が広々と開け、開放感に満ちている。滝の真下に降りていく。ここからは岩壁の迫力が素晴らしい。紅葉は予想通りの見頃。これほど素晴らしい滝が、まだ中部地方にあったとは……。頭上から降り注ぐ滝を仰ぎ見ていると、あっという間に1時間が経った。後ろ髪を引かれる思いで、滝を後にする。

急登後、道が緩やかになり、川原に出る。その瞬間、鮮やかな紅葉に彩られた地蔵岳が、目に飛び込んできた。今まで観たこともない景観。五色滝に勝るとも劣らぬ美観。相次いでこのような美

観に巡り合える幸せ。あの有名なオベリスクの尖塔と、錦織り成す紅葉の鮮やかさ。またまた元気が湧いてきた。必ずあの頂を極めよう。すぐ先が鳳凰小屋だった。小屋は花崗岩の大岩と紅葉に囲まれ、多くの登山者が休んでいた。きっと今日は最高の人出なのだろう。

小屋から先は、花崗岩が風化したサラサラの砂の急坂が続く。力が入らず、一歩一歩ゆっくり登る。オベリスクがしだいに近づく。稜線上には多くの登山者の姿。オベリスクから右手に続く花崗岩の尾根も見応えがある。稜線に出ると、甲斐駒ヶ岳の雄姿が真っ先に目に飛び込む。いつ見ても勇壮なピラミッドだ。特にここからの姿は均整が取れて見事（122・123頁の写真参照）。北岳、間ノ岳《あいのだけ》、仙丈ヶ岳など、南アルプスの3千m峰の眺めも素晴らしい。富士が遠くにそびる。

いよいよオベリスクに向かう。名大ワンゲル部の若者数人がオベリスクから下りてくるところだった。想像以上の大岩だ。高さ20mの垂直岩塔にロープが1本。腕力がないと無理だろう。最後に残った若者がオベリスク上で「怖い、怖い」と叫んでいたが、仲間にからかわれたり励まされたりして、何とか下りてきた。この様子を見ていた男性2人が、挑戦すべく取り付き点へ。一人は途中までよじ登ったものの、下りてきた。もう一人はその様子を見て諦める。

2人が去った後、取り付き点に残り、体力の回復を待つ。しばらくすると新たな男性が1人、2人、こちらに向かって来る。後れを取りたくなく、ついに挑戦することに。腕力にものを言わせ、体を引き上げていく。最後、岩上に上がるところがやや難しかったが、スムーズに登れた。後続の中年氏の手を引いて助ける。次は元気の良い若者が来た。もう1人も。狭いオベリスクの上はスリル満点。風が強かったので、立ったまま景色を眺める度胸はなかった。どっかと腰を下ろし、

３６０度の大展望を満喫する。

麓《ふもと》からそびえ立つ甲斐駒ヶ岳、八ヶ岳連峰、秋枯れの霧ヶ峰、金峰山《きんぷさん》の山頂岩塔「五丈岩」、その手前に広がる甲府盆地と釜無川沿いの低地。黄金色の田と、樹林などの緑がモザイク模様を成し、美しい。右には富士の秀峰。そして南アルプスの高峰群……。この特等席に居続けたいという気持ちを振り切って下りる。握力が弱ってきて、さすがに緊張した。

鳳凰小屋に戻り、ビールで渇きを潤す。当初はここで泊まる予定だったが、小屋が混んでいること、そして何よりも、早く帰って妻を安心させてやりたいという思いから、下山することに。白糸滝までは比較的元気に下る。しかし、ここから先は足の粘りがなくなる。体力の消耗も激しく、自分の体力に自信が持てなくなってきた。体がふらつき、安全が保てないほど疲れてきたため、30分ごとに休憩を取らなければならなかった。こんなに疲れたのは初めてのこと。沢の水を何度も飲み、後は気力だけで下る。青木鉱泉の建物が見えた時は、さすがにうれしかった。16時、下山。

累積標高差２３００ｍ、往復11時間におよぶ厳しい滝行、山行だった。

剱岳（富山県、北アルプス、2999m）　1991年8月15・16日

わが国で最もアルペン的な山容を誇る、日本屈指の名峰。「岩と雪の殿堂」と形容される。

職場の友人H君の車で、立山黒部アルペンルートの入り口、立山駅に9時着。ケーブルカー乗り場に行くと、人々が所在無さげにたむろしている。不思議に思って駅員に聞くと、4時間待ちとのこと。お盆にこれほど混むとは思ってもいなかった。これでは、この日のうちに目指す山小屋に着くのは絶望的。H君と相談し、ケーブルカーと並走する、標高差500mの旧登山道を登ることにする。誰一人通らない急坂を2人でたどる。クモの巣がいくつも張っている。1時間ほどで登り切ると、すぐに高原バスに乗ることができた。登山口の室堂に着いたのが正午。

弁当を食べてから剣山荘を目指す。随所で雷鳥が見られ、緑のじゅうたんの中に花々が咲き誇り、心和む。立山、剱岳《つるぎだけ》に花がこれほど咲いているとは予想外。夏山登山で花に心を奪われるのは初めてのこと。岩が庭石のように配され、花が咲き乱れる所を、今にも足で踏みつけそうになりながら登っていく。別山乗越に着くと霧が晴れかかり、剱岳の雄姿が雲上に眺められる。この先、剱御前を越え、剱岳を正面に望みながら、快適に下る。剣山荘に17時着。

翌日、深夜に目が覚めてしまい、眠れず。今年は剱岳で死亡事故が多発しているので、4時半以前の出発は勧めていないと、昨夜、山小屋から告げられていた。それで足下が見える明るさになるまで待ち、4時20分出発。10年以上も温めてきた夢の実現へ。満天の星が快晴を約束している。東の空は、暁《あかつき》の原初的な色合いを見せている。後立山連峰のシルエットが濃い。登るにつれ、みるみる空の色

が変わっていく。一服剱に着くと、すでに10人ほどが来ていた。御来光までは30分近くあったが、ここで大自然の光の芸術を鑑賞することに。

明るくなるにつれ、眼下の雲海がはっきりしてくる。一面の雲海の上に白馬岳、五竜岳、鹿島槍ヶ岳が列島のように浮かんでいる。そのシルエットの見事なこと。今回、最高の景観だろう。5時8分、赤い太陽が昇る。もう少し観ていたい気持ちを振り払い、この先の難所での渋滞を避けるために出発。目前に前剱が大きくそびえる。現れた鎖場を難なく通過。前剱からは、大展望が広がる。白山、薬師岳、笠ヶ岳、立山、後立山連峰……。H君も感動しきり。

いよいよ剱岳本峰への登り。周囲の岩壁が威圧的にそびえる。最大の難所「カニノタテバイ」では、順番待ちの列ができていた。ほぼ垂直の岩壁を、鎖とボルトを頼りに50m登る。身が引き締まる。一気に登り、しばらく進むと頂上だった。展望は素晴らしく、富士山、南アルプス、中央アルプス、八ヶ岳、御嶽山、槍ヶ岳まで、全て見渡せる。日本海は一面の雲海の下。

剣山荘に戻り、H君とビールで乾杯。この後、無事、室堂に戻る。

岩峰、岩登り、雪渓、花、雲海、暁のシルエット、御来光、星空、大パノラマ─登山の醍醐味に彩られた今までで最高の山行だった。若いH君は、運動能力、体力に優れ、大自然への感性も豊かで、最高のパートナーだ。この後、H君とは、精進ヶ滝直下行、槍ヶ岳～穂高岳縦走、北岳～間ノ岳縦走、釜ノ沢遡行・甲武信ヶ岳、百四丈滝直下行挑戦など、記念すべき自然探訪を共にすることになる。

←朝焼けの剱岳　左側の稜線が当日の登路　2022年7月種池山荘より撮影

黒部峡谷、下ノ廊下

（富山県、北アルプス）　1993年10月23・24日

日本最大、最深の峡谷。稜線から谷底までの標高差は2000mにおよぶ。

この大峡谷に1本だけ道が通る。電源開発に際し設けられた険路で、断崖絶壁を穿《うが》って、トロッコ電車終点の欅平《けやきだいら》から黒部ダムまで続く。ただし通行できるのは、峡谷を埋める雪が融け、新雪が降るまでの1カ月間に限られる。今回の行程は、峡谷の核心部、下ノ廊下を黒部ダムから下り、途中の山小屋に宿泊、翌日、往路を戻るというもの。職場のFさん、M氏に声を掛け、M氏の愛車で、立山黒部アルペンルート入口の扇沢駅に6時半着。トロリーバスから降り、黒部ダム駅を出ると、立山が燦然《さんぜん》と光り輝いている。ついに念願の黒部に来た。

峡谷を下るにつれ、岩壁の迫力に目を見張る。黒部別山中腹の岩壁も、随所で見応えのある景観を見せる。新越沢の滝も美しい。やがて峡谷核心部の険しい渓相になり、胸は高鳴るばかり。周囲の景観の迫力、日本離れしたスケールに圧倒される。そのあまりの壮絶さにたびたび足を止める。腰を落ち着けて、眺め続けていたいと何度も思った。岩の園、渓の王国にいることが幸せだった。これほどの幸福感、充足感、感動を味わうのは初めてだろう。学生時代から抱き続けてきた夢がついに実現。今、まさにその中心にいる。

白竜峡は岩壁を穿ったスリルあふれる道をたどる。岩の王国の胎内を通っているという感覚。紅葉は最盛期で、迫力ある岩壁を彩り、素晴らしい眺め。十字峡は剱沢の水の美しさが印象的。ここで食事をし、一段下の岩壁の上に立つ。剱沢の滝と紺碧の深淵が印象深い。半月峡は白竜峡と並ぶ峡谷の

← 白竜峡　右端に岩壁を穿った険路と登山者が見える　2008年10月撮影

核心部。谷底から100mの高さに、断崖を穿った道が続く。道幅は80㎝ほどしかなく、緊張する。激流にえぐられた岩壁の美しさが際立つ。飛竜峡も美しく磨かれた岩壁が素晴らしい。対岸には三枚途中から露天風呂へ。阿曽原温泉小屋に着き、一休みしてから露天風呂へ。途中から雨が降ってきたので、M氏と傘をさして湯に浸かる。大自然の中の野趣あふれる湯。夜、寒冷前線通過のため風雨が激しくなり、翌日のことが心配で熟睡できず。

翌朝4時半起床。山の中腹まで雪で白くなっていた。幸い下の方は雪がなく、凍結もなかった。雨衣を着て6時に出発。やがて雨はほぼ止む。峡谷の水が澄んでいて美しい。白竜峡ではまたしても驚異の連続。この辺りから登山道にも雪が目につくようになり、進むにつれ深さを増してくる。雨が霰《あられ》混じりの雹《ひょう》に変わり、心配になってくる。

そういえば、黒部ダム方面から下って来る登山者には、途中から行き違わない。これは天候悪化のため、黒部ダムで入山を止められているのではないか、と不安になる。空も暗くなり、寒さが感じられるようになってきた。黒部ダム下流の橋を慎重に渡り、最後の急登にかかる。積雪は15㎝ほどにもなっていた。結局、白竜峡からは誰にも出会わなかった。この雪を見て、その訳を悟る。無事、ダム駅にたどり着き、3人で握手し合う。M氏は、昨日、峡谷の中で何度も「痺《しび》れる！」と感動。今日は「本当に良い所へ連れてきてもらった」と、心から喜んでもらえた。

2日間の歩行距離36㎞。生涯最高の自然探訪だった。後年、叔父と欅平から黒部ダムまで黒部峡谷を踏破する。日本山岳会所属のFさんとは焼岳、鹿島槍ヶ岳～五竜岳縦走、剱岳～大日岳縦走などを共にする。

　←← 下ノ廊下、半月峡　2008年10月撮影

西穂高岳〜奥穂高岳縦走

（2909m、3190m）　1994年8月9・10日

穂高岳《ほたかだけ》は日本アルプスを代表する岩山。西穂高岳〜奥穂高岳には、鋸歯のように岩峰が連なる最難関コースが通る。危険個所にはあるべき鎖、ハシゴなどはほとんどなく、毎年のように滑落事故が起きる。体力、判断力、経験が要求される熟達者向きコース。前々日から山行の準備を始めたが、単独での挑戦に、緊張と不安は募るばかり。

深夜に自宅を発ち、4時、新穂高に着く。始発のロープウェーで西穂高登山口へ。5時45分、登り始める。天候が不安定で午後、雨が降るかもしれないというので、それまでに踏破すべく、西穂高岳まで飛ばす。西穂高岳から、この先の険路を望む。まさに岩の世界。大きなブロックを緻密に積み上げたような岩壁、スラブの鎧をまとった岩肌、斜めに節理が走る岩壁……。これから足を踏み入れる危険な世界を前に、身が引き締まる。

岩峰の起伏が思いのほか多く、その一つ一つが厳しいため、体力を使う。鎖場が10カ所ほど。ルンゼの登り、岩壁のトラバース、岩尾根の通過、逆層スラブの登り……と緊張を強いられる箇所が多く、気を緩められない。迫力あふれる岩の景観が次から次へと続くが、体力が持つかどうか、天気は持つかどうかと不安で、先を急ぐあまり、景観を楽しむゆとりはない。

奥穂高岳から前穂高岳への吊尾根、前穂高岳から明神岳への稜線が印象深い。笠ヶ岳から抜戸岳にかけての山容や焼岳の眺めも心に残る。間ノ岳《あいのだけ》を過ぎる頃から霧が昇ってきて、稜線にかかるようになる。天狗のコルから畳岩ノ頭への登りが長く、きつい。この岩稜帯のシンボル、「ジャンダルム」

　← 険しい岩稜　ザイルで確保された登山者　2006年8月撮影

の登りにかかった時には、霧の中で周囲の険しい景観を見ることもなく、頂に出てしまった。霧に包まれていて、その切り立つ鋭鋒上に立った達成感を味わうこともできなかった。「ロバの耳」を巻いて馬ノ背の登りにかかったところで振り返ると、ジャンダルムと「ロバの耳」が屹立《きつりつ》し、目を奪う。岩の殿堂、岩の要塞―垂直にそそり立つ岩壁の見事なまでの造形に、腰を下ろして、しばし見入る。

その時、2人の若者が奥穂高岳から馬ノ背を越えてやって来た。「ジャンダルムまで行けますか」と聞くので、「慎重に行けば大丈夫」と応えると、ジャンダルム目指して進んで行った。しばらくして霧の中から「やったー」という声がしたので、「おめでとう」と声を掛けると、「ありがとうございます」という返事。霧が晴れてくると、ジャンダルム上、思い思いのポーズで写真を撮っている2人の姿があった。少し先で足を止め、もう一度ジャンダルムに眺め入る。

この先が奥穂高岳山頂だった。しかしそこは何の魅力もない雑踏のような所に思えた。穂高岳山荘に13時に着く。夜は人いきれで寝苦しく、一睡もできないまま朝が来るのをひたすら待つ。

翌朝、食堂で食事中、西穂高岳から縦走して来たと知ると、皆、一様に驚いていた。帰路は白出沢をひたすら下る。人に会うこともない、静かな下山路。朝の冷気が心地良い。ジャンダルムが伸しかかるように、その怪異な岩峰を際立たせている。やがて、トウヒ、シラビソなどの巨木の森を通り、昼前、無事、新穂高に戻る。

2日間の累積標高差：登り1850m、下り2850m、歩行距離約20km。

後年、叔父と西穂高岳〜奥穂高岳〜槍ヶ岳と縦走する。

← 西穂〜奥穂縦走路の東半部とジャンダルム　2023年10月白出沢出合より撮影

鹿島槍ヶ岳～五竜岳縦走

（長野・富山県、2889m、2814m）　1994年8月27・28日

鹿島槍ヶ岳《かしまやりがたけ》はわが国随一の双耳峰、日本屈指の名峰。五竜岳《ごりゅうだけ》はその北にそびえる北アルプスの名峰。この両山を、ダイナミックな縦走路が結んでいる。

山仲間のFさんと訪れる。5時半、登山口の扇沢に着く。先行するパーティーを後にしながら、一定のペースで登る。これほど登りやすい道はないだろう。左手は視界が開け、針ノ木岳、スバリ岳の姿に心引かれる。稜線に出ると、立山が目に飛び込んできた。さらに進むと、剱岳の雄姿が。まれに見る感動的な景観。これまで目にした中で最高の山岳景観だろう。そのスカイラインの荒々しく男性的なこと、氷河に削り取られた「窓」の凄さ……（24・25頁の写真参照）。

なだらかな稜線にハイマツの緑が伸びやかに広がり、黒部川の深い谷を隔てて、剱・立山連峰が連なる。素晴らしい所だ。爺ヶ岳を越えた先で、「岐阜百山の会」の一行と行き違い、メンバーのFさんたちは、山上での偶然の出会いに驚いていた。やがて鹿島槍ヶ岳山頂に立つが、霧のため展望はあまりない。難所の八峰キレットに下り、キレット小屋に着く。深夜、月明かりで目が覚め、外に出てみると、半月が煌々《こうこう》と輝き、星々も燦然《さんぜん》ときらめいていた。

翌朝、4時15分に出発。ライトの明かりを頼りに、分かりづらいルートを探しながら進む。巻道が多く、随所に鎖やハシゴがかかる。稜線に出ると空が白み始め、やがて剱岳に朝陽が射すようになる。紅く染まっていく剱岳の姿に、目が釘付けになる。山の色、雲の色が刻々と変わっていく。剱岳、立山、薬師岳、赤牛岳にかけての眺めが素晴らしい。途中でブロッケン現象が見られる。自分の影の周

松本市郊外より望遠レンズで撮影

りに虹の輪が浮かび上がる珍しい現象。起伏の多い険しい岩稜ルートのため、体力を使う。随所で赤トンボが群れ飛んでいる。

小ピークを越えるたびに五竜岳が迫って来る。存在感のある男性的な山だ。山頂に近づく喜びが湧いてくる。ついに頂に立ち、万歳を叫ぶ。もう見られないと諦めていた鹿島槍ヶ岳が、その美しい双耳峰を見せる。劔岳は肩を怒らせた姿から、すっきりと天を突くピラミッド型に変わっている。北に連なる唐松岳から白馬岳に至る山並みも美しい。何といっても、北峰と南峰が美しい吊尾根でつながる鹿島槍ヶ岳の山容は圧倒的。

山頂を後にし、五竜山荘へ。ここから見る五竜岳は独特の姿をしている。白岳を経て遠見尾根を下る。白岳のカールは緑の斜面が美しい。右手に見えるはずの五竜岳や鹿島槍ヶ岳北壁の眺めに期待していたが、霧のためほとんど望めない。ただ五竜岳の東面だけはよく見えた。迫力ある岩峰だ。地蔵ノ頭に来ると、そこはもうハイキング、観光客の世界だった。

今回は技術、体力ともに北アルプス屈指の難コースを、健脚のFさんと踏破した。念願の鹿島槍ヶ岳に登り、五竜岳の良さも実感できた。花もまだかなり咲いていた。そして何より、劔岳の日本離れしたアルペン的山容と、鹿島槍ヶ岳の美しい双耳峰に感動した。

2日間の累積標高差：登り2800m、下り2600m、歩行距離23km。

 ← 左から爺ヶ岳、鹿島槍ヶ岳、五竜岳、白馬三山　手前は梓川　2020年4月

大台ヶ原（奈良・三重県、1695m）　1995年5月27日

紀伊山地東部にある台地状の山。ここから流下する川が大きな滝をかけ、深い渓谷を刻む。母、小学生の息子と共に訪れる。8時、大台ヶ原《おおだいがはら》の駐車場に着く。雲一つない快晴。学生時代に訪れて以来のことで胸が弾む。身支度を整え、一路、シオカラ谷を目指す。歩く人はまだなく、静かな山歩き。シオカラ谷に着くと、流れに降りて休憩。新緑に彩られた渓流に赤紫のツツジが咲き、美しい。母が特に見入っていた。

展望台のある大蛇嵓《だいじゃぐら》を目指し、再び歩き始める。シャクナゲ咲く登り坂は花園そのもの。行けども行けども続くシャクナゲのトンネル。もう、これほど見事なシャクナゲは見られないだろう。ブナの大木の根元にシャクナゲの群生、その頭上にはブナの新緑が青空に映える。美しいことこの上ない。母も感動しきり。ブナの新緑のみずみずしい美しさは、シャクナゲ以上かもしれない。分岐を過ぎ、大蛇嵓への道に入ってもシャクナゲが咲き誇る。

大蛇嵓に着くと、ハイカーが大勢いた。大岩壁の先端から観るパノラマは、これまでで最高のものだろう。足下の高度感、目の前に広がる新緑の山腹、その先に伸びやかに連なる大峰の山並み、右手には落差200mを超える中ノ滝、左手にはアケボノツツジに彩られた岩峰……。目の覚めるような景観に心浮き立つ。東ノ川が穿《うが》った大峡谷の威容を、存分に味わうことができた。この先の牛石ヶ原では笹原に入り、ブナの木の下で食事をする。広々とした平原で、ブナなどの樹林が美しい。食後、仰向けになり、青空に映える新緑に見入る。

大台ヶ原のシャクナゲ　2018年5月撮影 →

北岳〜間ノ岳縦走

（山梨県、南アルプス、３１９３ｍ・３１９０ｍ）　１９９５年８月５・６日

北岳《きただけ》は高貴な山容を誇る日本第2の高峰。間ノ岳《あいのだけ》は重厚な山容を誇る日本第3の高峰。この両山を結ぶ、標高3千ｍの稜線上に、日本最高所の縦走路が延びる。

友人のH君と念願の北岳へ向かう。登山口の広河原に深夜1時半に着き、車内で仮眠。4時過ぎ、薄暗い中を出発。追い越せど追い越せど、登山者の列が続く。明るくなると、北岳がその姿を見せる。大樺沢コースは視界が絶えず開け、山頂を見ながら一直線に登って行くことができる。沢の上部には雪渓が残っていて、雪解け水を水筒に汲む。大岩壁「バットレス」がしだいに迫ってくる。八本歯のコルが近づくと道が険しくなり、ハシゴが連続する。コルに出ると、間ノ岳の印象的な山容が目に飛び込んできた。今まで見たことのない山容。スケールが大きく、砂れきの白とハイマツの緑との縞《しま》模様が美しい。今回、最も印象に残る景観だろう。

この先、岩稜の登りが厳しい。山頂に手が届きそうなのに、なかなか近づかない。分岐にザックを置き、北岳山頂を目指す。登山道は登山者の列が続く。ついに山頂に着き、H君と握手。展望は素晴らしい。おそらく日本一だろう。周囲に名峰が居並ぶ。最も目を引くのは間ノ岳。その右には塩見岳の半円形のドーム。左には農鳥岳《のうとりだけ》の雄姿が。北西には仙丈ヶ岳の大きな山体が間近にそびえる。堂々としていて見応えがする。大きな2つのカールが口を開けている。

北には甲斐駒ヶ岳のピラミッドとそれに続く鋸岳。仙丈ヶ岳と甲斐駒ヶ岳の間からは、八ヶ岳が顔をのぞかせる。東には鳳凰三山が屏風のように連なる。地蔵岳のオベリスクがはっきりと分かる。鳳

凰三山は山頂から山腹にかけて、雪をまとっているかのように白い。花崗岩の砂れきがこれほど白く見えるとは驚き。この背後には奥秩父山塊が望まれる。中央の尖っているのが金峰山《きんぷさん》だろう。東南はるか彼方に一段と高く富士の美しいシルエット。西には中央アルプスの峰々……。これだけの錚々《そうそう》たる山々が北岳を囲んでいる。甲府盆地、釜無川、伊那谷も眺められる。まさに大パノラマ。

次に間ノ岳に向かう。標高３千ｍの縦走路は、予想外に印象深いものだった。稜線西側に見事なカールが望まれる。キキョウ、チングルマ、シナノキンバイ、ハクサンフウロなどが咲き誇る。中白根山を経て、やっと間ノ岳山頂に着く。ここから観る北岳の高貴なこと。個性的で格調高い三角錐。今回の山行で、間ノ岳と並んで最も印象に残る山容だろう。間ノ岳からの下りは荒涼たる景観。疲れた足で下り続け、農鳥小屋に着く。農鳥岳を往復する予定だったが、疲れていた上、霧がかかり始めたので、この日は見送る。

翌朝、目を覚ますと、外は霧で何も見えず。５時過ぎ、持ってきたものを全て着込んで往路を戻る。恐るべき強風で、息をするのもつらい。時々、体が横や後ろに流される。御来光は拝めなかったが、霧の中に橙《だいだい》色に染まる陽光が珍しかった。ブロッケン現象も見られた。霧の上に出ると、雲海に浮かぶ塩見岳、陽を受けて雲上で輝く仙丈ヶ岳の美しい姿があった。

再び北岳へ。山頂直下には、朝の光を受けて輝くミヤマオダマキの見事な群落。山頂は昨日以上の人であふれる。白根御池小屋を経て広河原に下山し、２人で握手する。

２日間の累積標高差２９００ｍ、歩行距離22㎞。

白馬岳縦走

（長野・富山県、北アルプス、２９３２ｍ）　1995年8月18〜20日

白馬岳《しろうまだけ》は大雪渓と豊富な高山植物が魅力の、北アルプス屈指の名峰。ここから杓子岳《しゃくしだけ》、白馬槍ヶ岳《はくばやりがたけ》へと縦走路が延びる。

知人Ｏ氏の依頼を受け、９歳の息子、タクと共に同行する。今回は日程にゆとりを持たせ、初日の山小屋は個室利用にする。タクは初めての本格登山で、初の山小屋泊となる。名古屋発の夜行バスで白馬駅へ。駅前の食堂で朝食を取り、バスで登山口の猿倉へ。8時前に登り始める。大雪渓に着くと、先日の集中豪雨のため、大荒れの状態。土砂で埋まったり、寸断されたり……。雪渓上の冷気に包まれ、日本三大雪渓の一つ、白馬大雪渓を快適に進む。

ねぶか平を過ぎる頃から、花が咲き誇る。氷河擦痕《さっこん》のある大岩周囲のお花畑は見事。ここから稜線まで、花園が続く。今までで最高のお花畑。杓子岳と丸山の間のカールも美しい。見上げると、稜線上の岩が不気味なシルエットを作っている。気がつくと、村営頂上小屋が真上にあった。ここでコーヒーを飲みながら一休み。霧と強風の尾根道を進み、白馬山荘に着く。個室に入り、そのまま布団をかけて横になる。5時過ぎ、展望レストランへ。想像以上の立派な造りと落ち着いた雰囲気に大満足。ナイフとフォークで夕食。とても山の上とは思えない贅沢《ぜいたく》。

翌朝、御来光を観るため2人を起こし、外に出るが、相変わらずの霧と強風のため視界なし。稜線をほんの少し登った所で一瞬、異様な太陽が見えた。寒いため、早々に部屋に戻る。7時過ぎ、頂上へ向けてのんびり出発する。頂上に着き、3人で握手。西方の視界が開けてきて黒部峡谷方面が望め

る。北西方面は雲の連なりが日本海上に浮かび、夏らしい雄大な眺め。山小屋に戻り、杓子岳を目指す。丸山付近からは西方の視界がさらに開け、旭岳方面のなだらかな山容が、目を捉えて離さない。祖母川源流地帯の準平原状の景観が特に印象深い。今までこういう景観には、目を留めたことがなかった。荒々しい赤褐色の岩峰が、強烈なアクセントになり、はるか後方に剱・立山連峰が望まれる。杓子岳北面のカールも見事。杓子岳を巻き終えて振り返ると、山腹にハイマツの列が斜めに走り、美しい縞《しま》模様を描いている。

白馬鑓ヶ岳は杓子岳の茶色に対し、灰白色の山体が印象的。この両山を造る岩の色がはっきり分かれていることを、登山道上でタクが見つける。白馬鑓ヶ岳山頂に着き、のんびり過ごす。O氏は仰向けに横になり、タクは山頂の石をせっせと積み上げる。自身は杓子沢の見事なカールに見入る。山頂を後にして下ると、天狗平東面の赤茶けた山肌が目を射る。

分岐から大出原《おおでっぱら》に向けて下る。ここもカール地形で、斜面やカール底が美しい。南側には鋭い岩峰が天を突き、その先に烏帽子岩が見える。白馬鑓ヶ岳東面も見飽きることがない。山頂部のゴツゴツした岩峰となだらかで美しい斜面……。大出原が近くなると、北側斜面にクルマユリの橙《だいだい》色の列が続き、見事。その手前には、ハクサンフウロの紫とミヤマキンポウゲの黄との、それは美しいお花畑があった。大出原が白馬三山随一のお花畑といわれる所以《ゆえん》だ。この先の岩場の急崖を、真新しい鎖をつかみながら下る。タクは鎖がとても気に入ったようだ。ほどなく白馬鑓温泉小屋が見え、無事、到着。早速3人で露天風呂へ。

夕食後、外に出ると夜空の星がしだいに輝きを増してきた。タクと星空を眺め続けた。美しい星空に見入る人が多くいた。20時頃になると輝くばかりの満天の星空になった。タクは大喜びで「夏の大三角」をすぐに見つけた。そして、「お父さん、あそこにも三角形ができるよ」などと、自分でいろんな星座をつくって楽しんでいた。

翌朝、窓の外があけぼのの色に染まり、山々のシルエットが美しい線を描く。2人を起こし、御来光を観に外へ。東の空が刻々と明るくなってくる。焼山、火打山、妙高山、高妻山が見事なシルエットを見せる。タクと陽の昇る位置を当て合った。結局、タクの予想通り、高妻山の右から陽は昇った。太陽をはっきり見ることができ、ゆらゆらする様まで見えた。赤くて大きな太陽だった。最終日にこうして星空と御来光が見られて幸運だった。

朝食後、O氏は露天風呂へ、タクと自身は地図を見たりしてのんびり過ごす。7時半、出発。下り始めるとすぐにお花畑の中を進む。谷を埋める雪渓が大きくて美しい。途中の沢で休む。沢に転がっている石に興味を持ち、拾い集める。それまで沢の水をせき止めて遊んでいたタクも加わる。本当に水の好きな子だ。集めた石のいくつかをザックに詰める。

杓子沢を渡って振り向くと、杓子沢カールの大岩壁がそそり立ち、素晴らしい眺め。今回、最高の景観だろう。事前に地形図を見て、ここに鋭いカールが存在することは分かっていたが、登山道からこれほど見事に眺められるとは信じ難いほど。腰を下ろし、眺め続ける。O氏は、またしても上半身裸になって大岩の上に座り、景色を眺めている。コルを経て、その先の美しい湿原で一休み。正午過ぎ、無事、猿倉に下山し、3人で握手。年配のO氏も、9歳のタクもよく歩いた。帰宅後、ザックから石を取り出すと、17個もあった。3日間の累積標高差３４００ｍ、歩行距離20㎞。

釜ノ沢遡行・甲武信ヶ岳

（山梨県、２４７５ｍ）　１９９５年８月23・24日

ついに念願の笛吹川釜ノ沢遡行を果たす。これまでで一番行きたかった所、夢にまで見た所。釜ノ沢の素晴らしさを知り、遡行したいと思ったのは、10年前、『日本百名谷』（白山書房）を購入してから。以来、気持ちは募るばかりだったが、沢が荒れているというので延期してきた。いよいよ決行しようとした5年前には、登山地図に入渓禁止の表記があり、地元役場に問い合わせても同様の返答だったので諦める。ところが去年、書店で手に取った山岳雑誌『岳人』に釜ノ沢遡行が詳しく紹介してあった。行けるではないか！

早速、ヘルメット、ザイル、カラビナを買い、計画を立てる。しかし天候不順のため、今年に繰り越すことに。今回の遡行に当たり、入念に準備する。前述の『岳人』のレポートを何度も読み、登山地図の解説書を読み、地形図を見て沢の地形を頭に入れ、登山店で登山テープを買ってシュリンゲを作り、山小屋に問い合わせる。山小屋ではザイル持参を勧められる。沢登りの解説書を買い、ザイルの結び方やシュリンゲの使い方を練習する。

3時に登山口の東沢山荘前に着く。仮眠を取った後、友人H君と出発。二俣の吊橋を渡り、東沢に降り立つ。川原で食事をしていると、テントから男性が現れる。食後、いよいよ遡行開始。数回徒渉した後、左岸の山道をたどる。途中、ホラノ貝の深い釜や凄絶なゴルジュがあり、2人で溜息をつく。「山の神」に着き、安全を願って祠《ほこら》に手を合わす。ここで沢に降りる。見上げた鶏冠山《とさかやま》の岩壁が壮観。H君も驚いていた。ここから沢筋をたどる。難所もなく、頭上の岩峰や沢に立ちはだかる岩壁などに

見とれながら遡る。乙女滝、東のナメ、西のナメを過ぎ、二俣を右の釜ノ沢に入る。沢は急に狭まり、前方に、魚留ノ滝が姿を現す。滑らかな岩壁と大きな滝壺を持つ堂々たる美瀑。落ち着いてルートを探す。H君に下から指示を頼み、岩壁に取り付く。

右岸に石を数個積み上げて足場が作ってあったので利用する。スラブの岩壁も、よく観ると横にわずかの水平面が走っていて、人の通った跡がある。この小バンドを左斜め上へ慎重にトラバースし、そこから木の枝や根をつかみながら直上して滝上に出る。そこは別天地のような素晴らしい所。滑らかな岩盤で構成された、滝と滝の間の別空間。上部のナメ滝は木をつかみながら巻き上がる。

するとそこが、千畳ノナメの始まりだった。思わず歓声を上げる。心が弾む。H君に話しかける。ここだ、ここに来たかったのだ。念願の場所。どこまでも続く見事な一枚岩、その上をサラサラと滑るように流れる水、その中をひたひたと歩いていく喜び……。進むのがもったいなくて、何度も足を止めて見入る。もうこれ以上の体験はできないかもしれない。

上のナメ滝を越えたら、平凡な渓相に戻った。しばらく進むと、またナメ滝が現れた。この滝のことはレポートになかったので全く注意していなかった。滝は小さいが、結局一番てこずったのがこの滝だった。滝壺を下に見ながら、際どい水平バンドを進み、滝の真上に出る。

この先を遡ると、ついに両門ノ滝が姿を現した。千畳ノナメと並ぶハイライト。左右二つの沢の水が一つの岩壁に滝をかけ、同じ滝壺に落ちている。見事な造形。ルートは一見して左岸。気を引き締めて左岸に取り付く。立木までは難なく進む。その上の中間点まで来たところで、踏み跡のある直上ルートにアタック。しかし登るにつれ難しくなり、諦めて戻る。残されたルートは、滝の流身にトラ

魚留ノ滝

千畳ノナメ

バースするもの。滝の傾斜、岩質、水量、滑りやすさ等を見極め、大丈夫と判断。左側の緩いナメの流身にトラバースし、流身の中を登って滝上に出ることができた。これで難関はすべて乗り越えたという思いで、ほっとする。

しかし、この後も小滝が続き、緊張の解ける時がない。支沢を分けるたびに水量は減り、水流の中を進んだ方が楽になる。ミズシ沢を分けると、いよいよ傾斜が急になり、連続した滝登りという渓相になってきた。最後の二俣に来る。どちらも見上げるばかりの急崖で、そこを沢水が流れ下っている。こんな所を登るのだろうか。

ルートを示す赤い丸印が、沢に挟まれた尾根末端の木に見える。この印の所まで来ると、滝のように急な沢の中へとルートは続いている。一歩一歩、細い水流の中を登って行く。それにしても何たる急勾配。前を行くH君も相当疲れてきたようだ。左から急なガレが落ち込んでいた。直進する沢筋は倒木のため薄暗い。ルート選定に一瞬迷ったが、「沢筋を詰める」との記述を思い出し、奥の倒木を越えながら薄暗く狭い沢筋を遡る。

霧に巻かれながら沢筋をたどると、石垣が見えた。甲武信小屋の水場に着いたのだ。ついに遡行終了。ほっと一息つき、水場の冷たい水を飲む。遡行に使った草鞋《わらじ》がいっぱい捨ててある。ここから道をたどって稜線に出ると、目の前に丸太造りの甲武信小屋が建っていた。時刻は14時半。9時間に及ぶ遡行だった。結局、終始2人きりだった。小屋前に大きな犬がいて、ヤナギランが美しく咲き誇っている。小屋で着替えた後、外のベンチに掛け、念願の遡行を果たした充足感に浸る。しばらくすると、入渓点で見かけた男性が到着。部屋に戻ると、布団が隣だったこともあり、話が弾む。千畳ノナメで流しそうめんをしたこと、大雪山のクワウンナイ川へ行きたくて、大きなザックを背負い、トレーニングをしていること、米子沢（89頁参照）のことなどを話してくれた。

同宿者7人でカレーライスを食べた後、また外のベンチに掛けたりして過ごす。19時過ぎ、暖かい布団の中に入り、翌朝までぐっすり眠る。これまでで一番の山小屋だろう。人の少なさ、静かさ、人との交流、ゆとり、小屋番の若者の心あるもてなし、素朴な山小屋の造り……。

翌朝、窓の外を見ると、東の空が真っ赤に染まっている。H君を起こし、外に出る。水源碑の所から刻々と変化する空を観る。薄雲の中、紫がかった真っ赤な太陽がゆっくり昇り始めた。静かで爽やかな朝。小鳥の声が美しい。朝食後、一人また一人と、挨拶を交わして小屋を発っていく。

甲武信ヶ岳《こぶしがたけ》山頂を目指す。山頂手前で展望が開ける。雲海の上に秀峰富士、目の前には奥秩父山塊の全容が広がる。八ヶ岳、白峰三山、甲斐駒ヶ岳がそびえる。初めて観る大パノラマ。すぐ先が山頂だった。北面の大展望が開ける。遠く北アルプスと浅間山、中景に御座山《おぐらさん》と両神山《りょうかみさん》、手前に天狗山から男山へ連なる山列、その手前に五郎山の怪奇な岩峰……。

山頂を後にし、戸渡尾根に入ると、鬱蒼《うっそう》とした樹林と苔むした世界が広がる。倒木も至る所にあり、大台ヶ原の原生林のような雰囲気がある。分岐で、新しく開かれた尾根上の直進ルートを採る。標高差1200mを一気に下り、登山口に戻る。

黒部峡谷下ノ廊下と並ぶ、これまでで最高の自然探訪だった。

妙義山縦走（群馬県、１１０４ｍ）１９９７年４月26日

高さ数百メートルの岩壁・岩峰を連ねる怪奇極まる岩山。その縦走は北アルプスの穂高岳や剱岳以上に危険。次々に現れる垂直の岩壁には長い鎖がかかるが、足場が少なく腕力が要る。熟達者向きの難コース。岩山への関心が高まるにつれ、妙義山《みょうぎさん》縦走は絶えず第一候補だった。問題はいつ決行するかだけ。今年の大型連休は例年より人出が少ないとみて、決断。この１週間は妙義山の研究に没頭する。前夜は興奮して寝つけなかった。深夜に自宅を発ち、８時、登山口の中之嶽神社に着く。これから目指す険しい岩稜が目前にそびえる。途中で遊歩道と分かれ、縦走コースへ。

緊張と興奮で心臓が高鳴る。稜線直下の鎖場をよじ登り、主稜に出る。ナイフリッジが続き、滑落の危険が終始つきまとう。少々のことでは足が震えない自分も、今回ばかりは緊張が解けない。晴天続きで道が乾き、土や砂で滑りやすいのが一番怖い。最難関の「鷹戻し」手前では、踏み跡が錯綜《さくそう》し、ルートを特定するのに手間取る。行きつ戻りつし、垂直断崖の上に出た。ここが、あの日本一危険と言われる「鷹戻し」か、と身構える。高さが60ｍもあり、３連の垂直の鎖とハシゴがかかる。左右に壁がないため、宙に放り出されたようで恐怖が募る。握力、腕力が弱まり、墜落の不安が脳裏をよぎる。何とか降り切る。

この後、遭難碑のある所に出てしまい、行き詰まる。いったん、下に降りかけたが、踏み跡がほとんどないため、すぐに戻る。次に途中から上に登る踏み跡をたどってみるが、これもすぐ先で行き止まり。焦って引き返す時、スリップして横転。その瞬間、「あっ、どうなるのか」との思いが脳裏を

妙義山主稜　2005 年 4 月撮影

垂直の岩壁を登る叔父　2005 年 4 月撮影

かすめる。幸い半回転して止まったが、場所が悪かったら、そのまま50m下に転落していただろう。気の焦りから、最も恐れていた失敗をしてしまった。気を取り直し、少し戻ると、岩場の東側を下る小径を発見。この巻道が縦走ルートだった。入り口が落ち葉で埋まっていて、踏み跡は直進していたので、巻道に気づかず直進してしまったのだ。この縦走ルートには、コース表示が全くと言ってよいほどなく、ルートファインディングの能力が試される。

　次々に越えていくピークからの展望は抜群。足下が切れ落ちているため高度感があり、怖くて端に寄れない。これほどの爽快感はない。浅間山、四阿山《あずまやさん》、上信越の白い峰々、赤城山、八ヶ岳、麓《ふもと》の新緑……。初めて観る残雪の四阿山は、山体の大きさ、独立峰としての顕著さ、山容の気品とも一級。今回、特に印象深いのは岩壁に鎧われた裏妙義山。稜線上に屹立《きつりつ》する烏帽子岩、赤岩、丁須ノ頭などの岩塔が顕著。茨尾根のピークで休み、３６０度の眺望を楽しむ。この後、大きな起伏が続く。相馬岳、天狗岳とも垂直の大岩壁が圧巻。高さは１００ｍを超える。

　天狗岳で一休みし、この大岩壁に見入る。「大覗《おおのぞき》」を過ぎる頃から、また絶壁すれすれの際どいルートが多くなる。北面の相馬岳北稜、妙義富士の岩稜が印象的。この先の下りは鎖場が続く。この頃から、右膝内側の筋肉が痛みを伴って、つりそうになってきた。激しいアップダウンをくり返し、緊張も加わって疲れ切ったのだろう。立ち止まって、揉んだりさすったりする。奥の院を経て第一見晴に14時着。体力の消耗が著しい。ここからは妙義山中腹の「関東ふれあいの道」を通って戻る。この途中、縦走中に行き違ったパーティーのうち、2パーティーとまた会ったが、「鷹戻し」手前で引き返したという。16時、無事、登山口に戻り、妙義山主稜を踏破した達成感に浸る。累積標高差約２１００ｍ。

北アルプス最奥山行

（岐阜・長野・富山県、笠ヶ岳２８９７ｍ）　１９９６年７月24～26日

北アルプス最奥の名峰、鷲羽岳《わしばだけ》、水晶岳、黒部五郎岳と、飛騨の名峰、笠ヶ岳の４山を、３日で巡った今までで最大の山行。単独行の良さを満喫、この山域の良さも十分味わえた。比較的人が少なく、ほとんどが一人だけの山頂であったことも、山行を印象深いものにした。今年は残雪が特に多く、至る所で雪渓を横切った。このため随分、楽ができたし、雪を口に含んだり、雪渓から流れ出る水で喉を潤したりできた。雪が多かったため、山の印象も、より高山的になった。笠ヶ岳は去年から登りたいと思っていた。鷲羽岳、水晶岳、黒部五郎岳は『日本百名山』（新潮社）を読んで登りたくなった。鷲羽岳山頂から眼下の鷲羽池越しに槍ヶ岳を望んだものと、水晶岳山頂から眼下の鋭いカールを挟んで槍ヶ岳を望んだものは、今回最高の山岳景観だろう。

山容では、巨大なカールに山体を大きくえぐられた黒部五郎岳が圧巻。端整な笠ヶ岳も印象深い。槍ヶ岳の尖峰と、槍ヶ岳から穂高岳にかけての日本一のスカイラインは、絶えず他を圧倒して目に留まった。槍ヶ岳の天を突く尖峰には、誰もが登高欲をそそられるだろう。また穂高連峰の鋭いスカイラインにも目が釘付けになる。西穂高岳から奥穂高岳にかけての稜線は、見るからに起伏が激しい。一昨年たどった思い出深い稜線だ。

槍ヶ岳から穂高岳にかけてはＨ君、Ｎさんと縦走した。大キレットの深くえぐられた稜線が印象深い。その右に北穂高岳の滝谷ドーム（２１８頁参照）が特異な姿でそびえる。他に印象に残る山と言えば、薬師岳だろう。山体の大きさと山体を抉るカール群が秀逸。常念岳のピラミッド、残雪を多く

部川の深い谷に隔てられている　2013年８月撮影

抱いて高くそびえる立山と剱岳、赤茶けた赤牛岳の山容も目を引く。
初日、登山口の新穂高に午前零時に着き、車内で仮眠。4時過ぎ、薄暗い中を歩き始める。涼しくて快適。稜線に出ると、双六谷の伸びやかな源頭部が現れ、その先に鷲羽岳がそびえる。双六小屋で一服後、楽園のようなカールの底を歩く。雪渓が多く残り、雪解け水が豊かに流れ、花が咲き誇る。前方には鷲羽岳の雄姿が。三俣山荘を出て鷲羽岳に向かう。

たどり着いた山頂からは、鷲羽池を眼下に素晴らしい眺めが広がる。北には水晶岳へと続く赤茶けた稜線と水晶岳の黒々とした山体、南には三俣蓮華岳から双六岳にかけての穏やかで美しい山並み、その向こうには笠ヶ岳、薬師岳、黒部五郎岳、燕岳……。水晶小屋で一休みし、水晶岳へ。稜線上は花園が続く。水晶岳東面は鋭くえぐられたカールが目を引く。岩が鋸刃のように削り残され、列を成している。荒々しい岩峰の頂に立つと、槍ヶ岳の見事な眺望が待っていた。

この日、小さな水晶小屋に19人もが泊まる。3人で布団2枚。例によって一睡もできず。翌朝、早めに起き出て、小屋の外で朝食。4時前に出発すると、空が白み始める。鷲羽岳への登りの途中、御来光を迎える。白馬岳、鹿島槍ヶ岳などのシルエットが美しい。薬師岳もほんのり赤く染まっている。三俣山荘から黒部五郎岳方面への巻道をたどる。カールが美しく、花が至る所に咲いている。途中、若者と行き違い、巻道最後の雪渓の状態を聞くと、上から巻いたという。

問題の雪渓の前に来る。傾斜がきつく、とても渡れそうにない。よく見ると上に足跡がある。先ほどの若者がたどったものだろう。その跡を慎重にたどり、上部のハイマツ帯を強引に突っ切り、縦走路に出る。分岐にザックを置き、水筒とカメラを持って黒部五郎岳を目指す。巨大なカールを正面に

← 雲ノ平からの黒部五郎岳　手前の平原と黒部五郎岳は標高差500mの黒

望みながら下る。黒部五郎小舎で昼食を取り、カールへの道を登って行く。近づくにつれ、カールの岩壁が迫力を増す。カールの底は方形の巨岩がいくつも横たわり、不思議な景観。例年ならお花畑になっている所が一面の雪原で、その中を豊かな水が流れている。男性がその水をガラスのコップで飲んでいた。声を掛けると、「これで一杯どうですか、うまいですよ」と、その器を手渡してくれた。言葉通り、冷たくてうまかった。いろいろなこだわりがあるものだ。流れに頭を突っ込み、頭を冷やす。爽快。カールの急崖をゆっくり登る。

山頂に着いたら誰もいなかった。ここからの眺望も素晴らしい。帰路は尾根道を下るが、道が悪く、何度もルートを外す。黒部五郎小舎に戻るまで誰にも出会わなかった。山小屋周辺は花に彩られた美しい所。三俣蓮華岳への急坂をたどる。暑くてつらい登り。天気が良すぎて、午後になっても雲が湧かず、強烈な陽射しを浴びる。汗が流れる間もなくすぐ乾き、顔に塩を吹く。喉が渇いて仕方がない。雪渓の雪を水筒に入れ、水を補う。

分岐に戻り、ザックを担ぐ。久し振りに担ぐザックの重いこと。ここから山頂までの登りはきつかった。初日の元気はどこへやら。三俣蓮華岳を過ぎると、緩やかな美しい道が続く。双六岳山頂に着くと、大岩の上に寝転がり、のんびりする。ここから続く広大な山頂部の真ん中を登山道が突っ切り、その先に槍ヶ岳がそびえている。印象深い眺め。ここを通り、双六小屋に下り着く。きれいで快適な小屋だ。食堂棟は新築で畳も新しく、何よりも食器が全て陶磁器なのには感激。料理も美味。単独者用に1枚の布団が割り当てられ、気持ち良い布団に入り、熟睡する。

もうそのまま下山しようかと弱気になっていたが、3時に目を覚ますと考え直し、当初の予定通り、笠ヶ岳を目指すことに。玄関先で食事をし、4時前に出発。自分も単独で、ヘッドランプを点け、早発ちするまでになったかと思う。非日常的な体験。一晩休むと元気が回復するから不思議なもの。秩父平は美しい所、その上の秩父岩も見応えがある。朝、小屋を出てから初めて若者2人と行き違う。秩父平の上に出ると、笠ヶ岳が大きく裾を引いて、見事な山容を見せる。

念願の笠ヶ岳がしだいに近づいてくる。笠新道との分岐にザックを置き、笠ヶ岳を往復する。当初は笠ヶ岳からクリヤ谷を下る予定だったが、残雪が多くて道が心配なためと、体力的にやや自信がなかったために、下山路を笠新道に変更。笠ヶ岳山荘で缶ジュースを買い、山頂を目指す。山頂が近づくと巨大なケルンがいくつも並ぶ。

ついに山頂。信じ難いことに一人だけの静かな山頂。穂高岳が正面にそびえる。南方、西方は遮るものなく、飛騨の山並みが広がる。南東方には焼岳、乗鞍岳、御嶽山、中央アルプス、南アルプス、富士が望める。霞沢岳のギザギザのシルエットも頭をのぞかせている。北方には、この3日間にたどった稜線と山々が全て見渡せ、感慨深い。

分岐に戻り、杓子沢のカールを下る。この先、大きな岩がゴロゴロしている急坂を下る。陽射しをまともに受け、暑いの何の。後半は樹林の中のぬかるんだ道で、滑る滑る。下り切ってほっとする。水場で頭を濡らし、冷たい水を飲む。右膝後ろの筋が少し痛くなったが、新穂高まで歩く。今回は足を酷使した。

3日間の累積標高差約5000m、歩行距離約55km。

神崎川遡行

（滋賀県、鈴鹿山脈、愛知川上流）　1997年8月20日

ついに敢行した。学生時代、『関西ベストハイキング』（実業之日本社）を読んで憧れを持って以来、20数年振りのこと。これまで絶えず心の片隅にはあったものの、有名な渓谷に関心が向き、ついつい後回しになってきた。しかし、今回、遡行してみて、評判以上の名渓という印象を持った。数々の大きな深淵、エメラルドグリーンの水の色、白い花崗岩の見事な造形、切り立つ絶壁……。

神崎川《かんざきがわ》の核心部を通り、日帰り可能なコースとして、白滝谷―本谷―ヒロ沢というコースを考える。ガイドブックには、核心部最初の大きな淵は、泳がないと突破できないとある。単独で淵を泳いでいくのは危険が大きい。思案の末、浮き輪利用を思いつき、全身濡れる覚悟で準備する。浮き輪と身体を結ぶ紐、完全防水パックしたカメラ、ビバーク用のゴアテックス雨具、食料、緊急用の笛、防水パックした下着の替え、ヘルメット……。

登山口の朝明渓谷に着き、沢靴を履いて出発。峠を越え、白滝谷を沢通しに下る。単独での沢歩きに、不安を覚える。やがて本谷との出合に着く。本谷は広く水量も多い。しばらく遡ると、行く手に大きな淵が現れた。両岸は見事なほど切り立っている。これが問題の大淵だ。神崎川の真価を一度に見せつけられ、興奮を禁じ得ない。

膝まで浸かって、浅い所を対岸へ進んでみる。すると、淵の奥に小さな滝が見え、その手前に何とか手掛かりになりそうな所がある。浮き輪を取り出し、空気を入れ、紐で体と結ぶ。浅い所で浮き輪にうつぶせに乗り、水をかいてみる。浮き輪が小さいので、体のバランス保持が難しい。もう一度練

習する。転覆せずに無事、向こうまで行き着けるか、不安と興奮が入り交じる。浮き輪に伏せ、淵の中に進み出る。顎でしっかり浮き輪を押さえ、体のバランスに細心の注意を払う。淵の中央まで来た。何とも言えない高揚感。水底は見えない。滝の落口に近づくにつれ、左手岩場の水面下に大岩が見えてきた。ここに足を着けられそうだ。

やっと岩場に手をつき、淵を渡り切る。ここまで来てしまった。事故があっても、誰にも気づかれないだろう。岩場の上から、渡ってきた大淵を振り返る。少し進むと、また淵が現れた。右の岩場を少し高く巻くと、テープが木に巻きつけてある。目印のテープに沿って進むと、意外に簡単に沢筋に降りることができた。次の淵は、岩の斜面をよじ登って降りる時、固定ロープに助けられた。岩のゴツゴツした見応えのある所を過ぎると、天狗滝が目に飛び込んできた。見事な造形。天狗滝に向き合う大きな岩棚も素晴らしい。

この上によじ登り、天狗滝に見入る。この淵の深く大きなこと。淵を取り囲む絶壁も見事。久し振りに感動する景観。困難な遡行の末だけに印象も強い。神崎川屈指の景観だろう。岩棚の左上方から固定ロープが垂れ下がっている。慎重によじ登ると登山道に出た。小沢に沿って進むと、すぐに天狗滝の上に出る。しばらく遡ると、七丈淵の大淵とそこに斜めに落ちる夫婦滝の美観に出合う。膝まで浸かって着く。ここを越えると、初めて人の姿が見えた。ヒロ沢出合だ。遡行は終わった。ハト峰を越え、登山口に戻る。

今回の遡行は今年のハイライトになるだろう。やはり夏は沢に限る。

八ヶ岳縦走

（山梨・長野県、赤岳２８９９ｍ）　１９９８年10月10・11日

生涯屈指の素晴らしい山行だった。今、硫黄岳山荘に入り、明るい食堂でこの日記を書いている。山に日記を持参するのは初の試み。日本アルプスに比べて一段低く見ていた八ヶ岳《やつがたけ》だったが、今日一日で一挙にその真価を体感した気がする。三ツ頭に立った時、目に飛び込んできた赤岳、阿弥陀岳、権現岳の秋色の景観は、今回随一のもの。すっくと高く、険しい山肌をまとった赤岳、鎧のような灰色の岩壁から成る三角錐の阿弥陀岳、鋭い岩峰を中心にそびえる権現岳。『日本の山１０００』（山と渓谷社）で見て以来憧れてきた景観。

もう一つの印象深い景観は「大同心」。小岩峰くらいに思っていたが、その迫力と鮮烈な姿に圧倒された。横岳の稜線からは、今まで見たこともない景観が展開。起伏が激しく、スリルがある。頂上岩塔の絶壁上で休んだ権現岳山頂も、印象に残る。足下は切れ落ち、爽快この上ない。主峰、赤岳は絶えず他を圧倒してそびえ、王者の貫禄。特に真教寺尾根を長く引いて、その上にそびえる姿は圧巻。権現岳から赤岳にかけては起伏が大きく、きついコースだった。中でも赤岳への登りは厳しかった。ここから観る「大天狗」は、天を突くようで見応えがあった。三ツ頭から先は、展望また展望の連続で、縦走の醍醐味に浸った。

山行初日、深夜に自宅を発つ。諏訪を過ぎると、八ヶ岳の山並みが、暁《あかつき》の空に浮かんでいる。登山口の天女山に着き、緩やかな尾根道を歩き始める。南アルプスの高峰、中央アルプス、御嶽山、富士山、金峰山、御座山、天狗山から男山への山稜などがくっきり望まれる。権現岳を越え、キレットに

下り、また赤岳へ登り返す。もう二度と目にすることはないだろう景色を、味わいながら歩く。寒風が終日吹き渡り、汗が出ることもない。赤岳、横岳を経て硫黄小屋へ。

2日目。今、稲子湯に着いたところ。バス便まで1時間あるので、日記の続きを書き始める。昨日の硫黄小屋では、ぐっすり眠ることができた。目覚めると、東の空に真っ赤な色が水平に走っている。雲一つない快晴の兆し。朝食中に陽が昇る。皆、立ち上がり、窓ガラス越しの御来光に歓声を上げる。ザックを背負い稜線に立つ。早朝の清々しい空気、誰もいない一人だけの稜線漫歩。大展望の中、幸福感に浸るひと時。

硫黄岳山頂に着くと、生涯最高の大パノラマが広がる。南アルプス、中央アルプス、御嶽山、乗鞍岳、そして屏風のように連なる北アルプスの峰々、さらに頸城山塊《くびきさんかい》から浅間山をはじめとする上信国境の山々、燧ヶ岳《ひうちがたけ》、御座山、両神山《りょうかみさん》、金峰山《きんぷさん》……。360度、見渡す限りの大展望。足下が切れ落ち、近くに高い山がないため、爽快極まりない。特に北アルプスは朝の光を正面から浴び、峰々がくっきりと際立っている。

夏沢峠への下りから観る硫黄岳の爆裂火口壁も見応えがある。根石岳山頂からは、天狗岳が正面に望まれる。東天狗岳の頂は人、人、人。これほど景色が良いと、歩が進まない。眺望に優れた東天狗岳を越え、中山峠から一気に下る。秋色に彩られた稲子岳の山容が素晴らしい。下り着いたミドリ池は、紅葉に囲まれた池面に東天狗岳を映し、非の打ちどころがない。この後、バスと小海線で甲斐大泉駅へ。そこからタクシーで天女山に戻る。冬、朝陽に染まる甲斐駒ヶ岳を観てもらいたい、と運転手は語った。2日間の累積標高差約3000m、歩行距離23㎞。

← 左から権現岳、阿弥陀岳、赤岳、横岳　2022年2月北杜市より撮影

尾瀬

（群馬・福島県、燧ヶ岳2356m、至仏山2228m）　1999年9月27・28日

学生時代以来の念願を果たす。燧ヶ岳《ひうちがたけ》、至仏山、尾瀬ヶ原、尾瀬沼、アヤメ平など、尾瀬の主な所を一気に駆け巡った。登山口の鳩待峠に7時半着。まず至仏山を目指す。小至仏山からは、間近に至仏山の荒々しい姿を望む。この辺りから蛇紋岩《じゃもんがん》になり、独特の景観を見せる。足場の岩はつるつるに磨かれ、怪しい美しさを見せる。たどり着いた至仏山頂は、高度感のある素晴らしい頂。山頂から下る蛇紋岩の背稜と四囲の名山に見入る。尾瀬ヶ原、燧ヶ岳、会津駒ヶ岳、越後三山、谷川岳、浅間山、日光白根山、男体山……。

鳩待峠に戻り、アヤメ平を目指す。学生時代、「雲上の楽園」アヤメ平の写真を見て憧れた。しかし、心無いハイカーによって荒廃したと聞いてから、心が離れた。その後、時が流れ、今回、思い切って訪れることにした。静かな道が延々と続く。やがて広い湿原が空いっぱいに横たわり、左手に大きな池塘《ちとう》群が現れる。これが雲上の楽園と形容されるアヤメ平。燧ヶ岳や至仏山を背景にした池塘群は素晴らしい眺め。特に美しい双耳峰、燧ヶ岳の山容にはほれぼれする。

富士見小屋に着くと、閑散としている。女主人が尾瀬の山小屋盛衰の歴史を語ってくれた。沼山峠、鳩待峠までの車道が通じていない頃、ここは大変にぎわったという。しかし、車道開通後は寂しくなったと嘆いていた。食堂にはアヤメ平の寄贈写真がたくさん飾ってある。白尾山、皿伏山を越え、尾瀬沼を目指す。ブナ林特有の柔らかな土の上を快調に進む。途中から、痛くなった右膝をかばって歩く。やがて大清水湿原に出る。パッと視界が開け、湿原が黄金色に輝いている。ここから尾瀬沼に下る。

富士黎明　八ヶ岳より　2011年8月撮影（本文とは関係ありません）→

初めて観る尾瀬沼。沼畔の道をたどり、長蔵小屋に着く。風呂から上がり、食堂の窓辺に座り、ビールで喉を潤す。歩き通した充実感、窓からの涼風……。長蔵小屋は尾瀬の開拓者・守護者が営む山小屋として、一度は泊まってみたかったところ。

翌朝、４時過ぎに目が覚める。玄関で準備をしていると、男性が、「山が凄いですね」と声を掛けてくれる。外に出ると、恐ろしいほど冴え渡った月明かりの下、燧ヶ岳のシルエットがくっきりと浮かび上がり、尾瀬沼からは一面に霧が立ち昇っている。冷気の中、霜で滑りやすい木道を注意して歩く。分岐を長英新道へと進む。ブナ林の中、緩やかな道が延々と続く。空が白む頃、稜線に出る。澄み切った青空の下、燧ヶ岳の俎嵓《まないたぐら》がくっきりそびえる。ひと登りすると突然、ミノブチ岳山頂に出た。眺望抜群。尾瀬沼の眺めが良く、俎嵓が間近に望める。少し進むと、柴安嵓《しばやすぐら》が左手にそびえ、俎嵓とV字形に美しく結ばれている。

７時過ぎ、登頂。憧れの燧ヶ岳山頂に、朝一番に立った。中ノ岳、越後駒ヶ岳、尾瀬ヶ原、そして、尾瀬沼……。大展望が広がる。向かい合う柴安嵓山頂に一人の男性。柴安嵓へ向かって下り始めると、男性もこちらへ下って来る。途中で行き違い、またそれぞれもう一つの頂の主に。柴安嵓山頂も一人きり。尾瀬ヶ原の全容に見入る。「見晴」に下山。母、家族と訪れた8年前を思い出しながら、尾瀬ヶ原を縦断する。点在する池塘にはヒツジグサが浮かぶ。草紅葉の中、池塘を前景にした燧ヶ岳や至仏山が美しい。鳩待峠に戻り、２日間で尾瀬を一周する。

歩行距離約50㎞、累積標高差約２４００ｍ。

※富士見小屋は２０１５年に閉館、２０２２年に解体された。

← 至仏山と尾瀬ヶ原　左の稜線が登路、その先に鳩待峠がある　2013年6月撮影

大滝沢遡行・滑川大滝

（山形県、吾妻連峰）　２００１年７月26日

叔父と東北南部の山々を巡った際、吾妻連峰の名渓、大滝沢を遡行する。前日、滑川温泉の一軒宿「福島屋」に宿泊。朝食後、橋のたもとから入渓する。初めから見事なナメが続く。

しばらくして、２段15ｍの滝が現れる。下段は左の際どいバンドに足を乗せ、ホールドをつかみながら越える。すると上段の斜瀑が勢いよく落ちている。一見、左を直登できそうに思えたが、上部は意外にホールドがなく難しい。右手から巻こうとするが、これも上手くいかない。それでもう一度、水流の左側斜壁に細かいホールドを求め、クライミング感覚で滝上に抜ける。するとそこに残置ハーケンがあり、短いロープが輪にしてあった。ザイルを出して、そこに固定し、下で待つ叔父に向かって投げる。ザイルが初めて役に立った。

滝の上は別天地が続いていた。渓幅いっぱいに広がるナメ、深くえぐれた数々の釜、エメラルドグリーンの大きな淵、そこに落ちる美しいナメ滝……。今まで遡行した渓の中で最高の一つ。笛吹川釜ノ沢に匹敵するだろう。川床岩盤の赤黄色と水のグリーンとが、絶妙のコントラストを見せる。沢登りの愉悦に浸りながら遡る。

やがて前方に巨大な滝が姿を現す。滑川大滝《なめかわおおたき》だ。近づいて全容を目の当たりにし、そのスケールの大きさに驚嘆。高さ１００ｍ、幅40ｍ。飛沫に濡れた鮮やかな赤褐色の大岩壁を、陽光に輝く真っ白な水が流下する。そのコントラストの見事なこと。日本屈指の名瀑だろう。

←← 滑川大滝　2018年８月撮影

飯豊山 （福島・山形・新潟県、２１０５ｍ） ２００1年7月27・28日

２千ｍ級の峰々を連ねる東北地方随一の巨大山塊、飯豊連峰の主峰。

叔父と東北南部の山々を1週間かけて巡る。初日、飯豊山《いいでさん》に登るため、弥平四郎登山口近くの「大阪屋」に泊まる。しかし翌日、飯豊山方面は悪天候の予報だったので、磐梯山《ばんだいさん》、安達太良山《あだたらやま》、大滝沢などを巡り、4日後に再挑戦する。前日、御沢登山口の「飯豊鉱泉」に宿泊。夕食時、「大阪3人組」が、工事で進入禁止の白布沢登山口まで車で入るので、一緒にどうですか、と声を掛けてくれる。行程が短縮できる有難い申し出。

翌朝3時、登山口で降車し、もう一人の「便乗男性」と5人で歩き始める。ハイペースの大阪組に先に行ってもらう。そのうち、東の空が色づいてきたので、「便乗男性」にも先に行ってもらい、叔父と御来光を待つ。その後、景色を楽しみながら登って行く。地蔵山の水場の水は冷たくて美味。剣ヶ峰の岩場を越えて三国岳へ。ここから大日岳が望まれる。ついに姿を現した飯豊連峰。雪渓を抱いた高山的山容は期待通りの素晴らしさ。叔父も初めて観るこの山岳景観に驚きを見せる。この先、起伏の多い道が続く。

今回、初の避難小屋泊の装備なので、ザックが重い。主稜がしだいに近づく。雲海上に、吾妻《あづま》連峰や磐梯山が浮かぶ。稜線上は眺望に優れ、花園が続く。特にマツムシソウの紫色が鮮やか。飯豊本山に着き、最高点まで行く。ここからの展望は素晴らしいの一言。杁差岳《えぶりさしだけ》まで続く主稜が一望の下。雪渓が多く、アルペン的な景観。この先、御西小屋まではニッコウキスゲ咲き誇る雲上のプロムナード

が続く。

やっと御西小屋に着く。9時間あまりの厳しい登りだった。最高峰の大日岳まで往復するつもりだったが、霧に覆われ、疲労も重なり、見送る。小屋で横になると、寝入ってしまった。17時頃、外に出、晴れ上がって姿を見せた大日岳を眺めながら、夕食の準備に取りかかる。水場までが結構遠い。山の夕景を眺めながら食事をする。

翌朝、4時半から外で食事の用意をする。空が色づいてくると、叔父は御来光を観に御西岳に向かう。朝陽が射し始め、大日岳、北股岳、烏帽子岳などが美しい。この日も快晴、そして大雲海。朝日連峰、月山《がっさん》、鳥海山《ちょうかいさん》、蔵王《ざおう》連峰がくっきり望める。早朝の清々しさの中、朝食。外での食事は我々だけ。6時に出発。花咲き誇る朝の稜線漫歩は爽快そのもの。疲れ切っていた昨日とは大違い。飯豊山頂には、またしても誰もいない。

この特等席から山岳展望を満喫する。大日岳に至る、伸びやかな量感あふれる稜線、これとは対照的に、雲海が入江のように入り込む、雪渓豊かな彫の深い南北主稜—見飽きることのない眺め。飯豊連峰は山が深く大きいとつくづく実感。今回たどったコースも、ほとんど縦走の域。この先の三国小屋では、飯豊山に恋焦がれて、10年に及ぶトレーニングの末、やっとこの日、登ってきたという女性に出会う。そういえば飯豊山は、本格的な装備の登山者が多い。深くえぐれた道を下り、御沢口に下山する。杉の巨木が立ち並び、立派な標柱が立ち、いかにも歴史を感じさせる。

2日間の累積標高差約2300m、歩行距離27㎞。

石鎚山・瓶ヶ森

（愛媛県、1982m・1897m）2001年8月4・5日

石鎚山《いしづちさん》は西日本の最高峰で、急峻な岩壁を連ねる修験道の山。Nさん、Iさんと笹ヶ峰に登った後、瓶ヶ森《かめがもり》中腹の瓶ヶ森ヒュッテに宿泊。翌未明、外に出ると、満月と明けの明星が輝き、幻想的な月夜の笹原が広がる。御来光を観に3人で山頂へ。月明かりの下、石鎚山がくっきり。360度の大展望。やがて陽が昇る。雲の流れが速く、景色が刻々と変化する。石鎚山にも朝陽が射す。ここ氷見二千石原《ひみにせんごくはら》の笹原を前面にした朝焼けの石鎚山は、素晴らしい眺め。この瓶ヶ森山頂でのひと時は生涯忘れえぬだろう。山小屋に戻り、朝食の後、広々とした笹原を通って車へ。途中、白骨林を前景にした石鎚山が印象深い。登山口の土小屋に着き、石鎚山を目指す。

白装束姿の人も結構いる。岩峰がしだいに近づく。東陵基部で二手に分かれる。Iさんは一般コースを、自分とNさんは東陵直登コースを。笹の斜面の心細い踏み跡をたどる。恐るべき急登。笹の束をしっかりつかまないと、身体ごと後ろに持っていかれる。他では見られない景観の数々。岩壁が迫って来る。左側が切れ落ちた岩場を慎重に越える。その先、ロープの下がった垂直の岩場を越えると、山頂岩壁帯の上に跳び出した。

ここからの岩稜歩きは爽快そのもの。右側は100mも切れ落ちている。最高峰の天狗岳に着く。弥山からここへは通行止めのため、他に誰もいない。面河川《おもごがわ》の深い谷を隔てた二ノ森や、石鎚山から二ノ森へ続く稜線が美しい。弥山直下で岩が崩れて不安定になっていたが、慎重に通過し、人でにぎわう弥山に着く。石鎚山の険しい頂上岩稜をたどった満足感に浸る。

前鬼川中流遡行

（奈良県、大峰山、北山川）　２００１年8月28日

北山川の支流、前鬼川《ぜんきがわ》の渓谷美を初めて知ったのは、数年前に購入した『近畿の沢』（ナカニシヤ出版）にて。名瀑、不動七重滝の上流にあり、美しいナメが１００m以上も続くというので魅力を感じたが、ここの遡行は、すぐには決断できなかった。何しろ、大峰の渓《たに》は深く険しいという思いがある。しかし、今年の夏休みも残すところ数日となり、ついに決行する。８時前、大峰山、釈迦ヶ岳の前鬼登山口に着く。吊橋のたもとから入渓し、黒谷を下降。久し振りの単独遡行。水は清冽《せいれつ》そのもの。本谷に出合うと水量が多く、水勢もある。ここを独りで遡るのかと思うと、身が引き締まる。透き通るコバルトブルーの水の美しいこと。積極的に水流に足を浸し、遡る。

やがて渓は直角に曲がる。何か、これまでの渓相と違うものを感じ、緊張と興奮が高まる。滝は見えないが、滝壺の水の色は形容し難いほど美しいブルー。岩盤、岩壁も迫力がある。岩壁を直登し、滝の落口へ。滝上に出ると前方はサッと開け、変化に富む造形美が続く。岩盤に囲まれた別天地。滝の落口は巨岩でふさがれ、美しい水を満々とたたえている。

ここからがこの渓のハイライト、大ナメの始まり。あまりの素晴らしさに言葉を失う。ほど良い傾斜、幅広のスケール、磨き抜かれた岩盤の感触、岩盤の美しい縞《しま》模様、両岸の見事な岩盤曲線、豊かな水量、段差や小さな淵の造形の妙……。ナメの最高傑作の一つだろう。大ナメの上端は大きな美しい淵になっていた。ここの水の色もこの上なく美しい。大ナメの上を行きつ戻りつしながら、滝の前まで戻る。傾斜の緩い岩壁をよじ登ると、大ナメの全景が見事に望める。存分に景観を楽しんでから、渓を下る。

薬師岳・赤木沢遡行

（富山県、北アルプス、２９２６ｍ）　２００２年８月21・22日

薬師岳は北アルプス随一の量感あふれる山で、典型的なカール群を抱く。赤木沢は日本屈指の美渓。５年前、立山から縦走して薬師岳に登るが、霧で何も見えなかった。今回はそのリベンジを兼ね、数年来の念願だった赤木沢へ。飛越新道の登山口に6時着。

避難小屋から先は、池塘《ちとう》、草原、針葉樹林と、高原要素のそろった美しい所。県境稜線に出ると、北アルプスの名峰群が目に飛び込む。感動的な景観。黒部源流の深い谷を隔てて、屏風のようにそびえる、黒部五郎岳、三俣蓮華岳、鷲羽岳《わしばだけ》、水晶岳、赤牛岳……。谷から迫り上がる高度感が素晴らしい。ここから太郎兵衛平へは高原状の美しい景色が続く。太郎兵衛平から、空身で薬師岳を目指す。稜線に出ると、中央カールの見事なカール壁が目に入る。これを観るために2度も登ってきたのだ。

少し先が山頂。あいにく霧が昇ってきて、金作谷カールはほとんど望めなかったが、鷲羽岳から水晶岳、赤牛岳へと連なる山並みの美しさに見入った。しばらくすると霧が晴れ、金作谷カールが全容を現す。それは感動的なひと時だった。美しいカールの底に白い雪渓。北薬師岳がカールを抱くようにそびえる。その山容、山肌の印象的なことと言ったら……。霧の合間から射し込む光線の状態で色彩が変化する。

太郎兵衛平に戻り、薬師沢小屋へ下る。小屋に着き、夕食を済ませ、布団に横たわると、じんわりと疲れが出てきて、何とも言えない充足感に浸る。それにしてもよく歩いた。

翌日、黒部川にいよいよ降り立つ。渓のスケール、水量の多さに緊張する。初めは左岸に、はっき

りした踏み跡があったが、上流へ進むにつれ不明瞭になる。流れを見て徒渉を繰り返し、人影のない広大な渓《たに》を遡る。やがてゴルジュが現れ、左岸を高巻く。崖上の狭く高度感のあるルート。ゴルジュを抜けると滝の上に出た。岩盤で構成された見事な造形。しばらく遡ると、前方に谷幅一杯の大きな滝が見えてきた。

滝の前に大きな淵が広がり、手前が低い自然の堰堤《えんてい》のようになっている。近づくにつれ、その景観の特異さ、素晴らしさに目を見張る。大きな淵の奥に本流の幅広の滝、そこに赤木沢が注ぎ込み、それらの水を、黄褐色の岩盤が渓幅一杯にせき止め、その上を清冽《せいれつ》な水が滔々《とうとう》と流れている。この自然の堰堤の上を膝まで浸かって、いとおしむように進む。次に少し離れた巨岩の上から眺める。いつまでもその場にいたいと思わせる見事な景観。

出合の岩場を乗越して、赤木沢へ。最初から赤褐色の美しい岩床が続く。やがて渓をふさぐような見事な滝が現れる。何と美しい滝だろう。滝と、滝を含む渓相の全てが、この美景を造り出している。朝の光線をいっぱいに浴びて景色が輝いている。滝を構成する岩盤は美しく、スケールが大きい。水は限りなく美しく、淵の底まで澄み切っている。滝の両側は岩盤と草付の斜面で、その緑がまた美しい。背景には紺碧の空が……。これほど色彩豊かな滝の景観は初めて。

さらに、この美しい滝が自分の手と足で登れてしまうのには感激。下段を登り、上段との間に来ると、そこは得も言えぬ別天地。滝と滝に挟まれた空間が持つ、特有の雰囲気が漂う。このような美しい滝が次から次へと現れる。4段30m、4段15m、8m……。興奮の収まる時がない。

前方に突然、垂直の大岩壁が現れる。これまでの明るく開放的な渓相を一瞬にして打ち破る、高さ

 ← 雲ノ平スイス庭園から望む薬師岳　2013年8月撮影

50ｍの垂直の大岩壁。手前の小滝を登ると、眼前にそそり立つ大岩壁の上から、一直線に滝が落ちている。驚きの光景。これが赤木沢ノ大滝。小滝に戻り、大滝右側の狭く急なルンゼを直登し、大滝の真上に出る。大滝をかける垂直の大岩壁が真横から眺められる。

小滝の上流もナメの美しい渓相が続く。2つ目の大きな支沢が3ｍの美しい滝となって出合う。ここから支沢に入り、赤木岳方面を目指す。美しい岩床が続くが、傾斜がしだいに増す。ふと振り返ると、水晶岳や鷲羽岳が望める。森林限界を越え、笹と草の緑一面の世界になる。水流がいくつにも分かれ、水が細くなる。いよいよ源頭《げんとう》が近い。水が涸れる寸前で休む。周りには、まだ花が咲き、北アルプスの山々が望める。沢の水で弁当を食べる。沢のせせらぎ、源頭の草原、北アルプスの眺め、涼風、一人きりの世界……。

この先でついに水が涸れ、踏み跡もはっきりしなくなる。稜線目指して草原の中を直登すると、予想通り、赤木岳を通る登山道に出た。花咲く美しい所。振り返ると、遡ってきた赤木沢の全景と北アルプス最奥の山々が、昨日以上によく望める。美しい稜線を北上すると、槍ヶ岳が姿を現す。やはり槍ヶ岳は別格だ。黒部五郎岳も眺められる。伸びやかな北ノ俣岳を通り、分岐に戻る。霧混じりの涼風の中、気を引き締めて神岡新道を下る。避難小屋から先は、ぬかるんだ道に閉口。その上、登り返しを6回もして、やっとの思いで登山口に下り着く。生涯、最も思い出深い遡行だろう。

2日間の累積標高差2800ｍ、歩行距離45㎞。

赤木沢最初の色彩豊かな美瀑（86頁）→

米子沢遡行・巻機山　（新潟・群馬県、越後山脈　1967m）　2002年10月13日

米子沢《こめこ》は見事な大ナメを有する名渓。『日本百名谷』（白山書房）でこの写真を見て以来、ずっと憧れてきた。前日に越後三山の八海山に登り、清水集落に宿泊。米子沢で事故が多発していて、先日も遡行者が骨折したが、霧でヘリが飛べず、渓中で一夜を明かし、大変だったという。翌朝5時過ぎ、民宿を出て登山口へ。2組が沢に向かっていく。昨夜から、単独での入渓に緊張していたが、入渓仲間がいることにほっとする。

6時出発。花崗岩の滑らかな岩床が美しい。最初の小滝では、若者3人組が滝滑りをして楽しんでいた。滝の横をよじ登ったり、高巻いたりして遡る。下部ゴルジュ帯は右岸を大高巻きする。幅広い岩壁にかかるスダレ状の滝は、岩壁のスケールと岩盤上の流れが素晴らしい。やがて、上部ゴルジュ帯に入る。最初の斜瀑は左の岩壁に取り付くが、すぐに行き詰まる。

思案していると、滝滑りをしていた若者3人組がやって来る。彼らは迷うことなく滝に突入。膝上まで浸かって、シャワークライミングで滝を直登した。それを見て、彼らに続く。いざ滝に取り付いてみると、水の冷たいこと。水勢が思いのほか強く、流れの中の足場がなかなか分からない。際どいところで沢靴のフリクションが持ちこたえ、何とか滝を越えることができた。ここが最も緊張した所。上部ゴルジュ帯を無事に通り抜け、その先のナメ滝を越える。

すると、目の前に待望の大ナメが現れた。ナメの傾斜が絶妙で、天空に誘《いざな》うような素晴らしい眺め。ナメの最高傑作だろう。渓《たに》が開け、陽が一面に降り注いでいる。青空の下、両岸の草紅葉が映える。

ナメの感触を味わいながら、一歩、一歩、ゆっくりとたどる。心震える時が流れる。東京と大阪から来たという若者2人組と、この大ナメの素晴らしさについて言葉を交わす。大ナメの途中で一休みし、弁当を開く。

二俣に着くと、先ほどの2人組が食事をしていた。声を掛けると、自分たちは右俣に入るつもりだし、先行者もこちらへ行ったという。2人組の言葉で、自分も右俣に決める。やはり源頭を詰めて山頂に至るのが沢登りの醍醐味というもの。右俣に入ると、渓が急に狭まる。奥の二俣で右に入ると、ますます狭く深くなる。滝に行く手を阻まれたら、這《は》い上がるのも困難な急斜面。小滝が現れるたびに、通過できるか不安になる。最後の二俣になった。左に入り、急なガレを、両手両足を使ってよじ登る。すると人の声が聞こえ、視界がパッと開けた。

草地を進むと、伸びやかな巻機山《まきはたやま》山頂に飛び出した。そこは人でいっぱい。名だたる山々が居並ぶ。火打山、妙高山、高妻山、苗場山、鳥甲山《とりかぶとやま》、燧ヶ岳《ひうちがたけ》、日光白根山、赤城山……。すぐ先からは、牛ヶ岳へと続く天国的稜線が望まれる。中ノ岳は彫りの深い重厚な山容を際立たせている。西に進むと、越後駒ヶ岳から中ノ岳へ続く、迫力あふれる山容が目に飛び込んできた。日本アルプスと比べても遜色がない。越後駒ヶ岳北沢の大岩壁や、八海山から中ノ岳へ続く険しい稜線がくっきり望める。正午、下山開始。振り返ると、一面の草紅葉に覆われた巻機山が、伸びやかで美しい。やがて樹林帯に入ると紅葉が鮮やか。天狗岩が姿を見せると、その鋭く巨大な尖峰に目を奪われる。13時半、無事、下山。

遡行した標高差約1200m。生涯屈指の沢登りだった。

米子沢の大ナメと言葉を交わした若者2人組 →

屋久島・宮之浦岳（鹿児島県、1936m）2004年5月29・30日

屋久島は豊かな自然に恵まれ、日本で初めて世界自然遺産に指定された。「洋上アルプス」と言われるほど島には多くの山がそびえるが、その最高峰が宮之浦岳。シャクナゲの咲く季節に屋久島を訪れたいと思ってきた。5月最後の週末、叔父に声を掛け、空路、鹿児島へ。

翌朝、屋久島に飛ぶ。空港からタクシーで淀川登山口へ。途中、野猿の群れや鹿に遭う。高さ40mの巨大な岩柱、天柱石が天を突く。途中で寄った紀元杉は想像以上の巨木。今まで見たこともないその巨大さに、目を見張る。

登山口に着くと、急に土砂降りになり、「シャクナゲ登山」のテントの中で、雨具などの準備をする。10時半、出発。淀川小屋裏手の清流が美しい。「シャクナゲ登山」のハイカーたちが戻ってくるのと行き違う。雨の中、これから宮之浦岳を目指すという我々に驚いていた。投石平に着く頃、稜線上の風が激しくなる。この辺りからヤクシマシャクナゲが見られる。淡く上品なサクラツツジも咲いている。

栗生岳《くりおだけ》を越え、宮之浦岳山頂に着いた瞬間、青空が広がってきた。跳び上がって叔父と喜び合う。何という神の情け。西には特異な山容の永田岳が堂々とそびえる。北にはこれからたどる稜線が続き、東には美しい緑の斜面に、シャクナゲが咲き誇っている。霧の中から突然姿を現した景色の美しいこと。もうこれだけで何も要らないと思った。翁岳の岩塔が目に入ったので、少し戻って寄る。岩塔基部からは主稜が全部見渡せる。

永田岳を往復する予定だったが、新高塚小屋に明るいうちに着くために割愛する。ビャクシン岩を過ぎる頃から、シャクナゲの白い花弁が登山道を埋めるようになる。しばらく進むと、ヒメシャラが目に留まるようになる。その樹皮の鮮やかな色彩と印象深い質感に、目を奪われる。

新高塚小屋に夕刻着く。森に囲まれた雰囲気の良い避難小屋。満員だったが、入り口近くに何とか2人分のスペースを確保する。

2日目、晴天。コマドリ、ツグミ、ホトトギスなどの美しい声に耳を傾けながら、シャクナゲが咲き誇る早朝の道をたどる。高塚小屋周辺は、ヒメシャラをはじめとする森のたたずまいが素晴らしい。やがて縄文杉に着くが、まだ誰もいない。屋久杉の王者、屋久島の主といった威厳が漂う。夫婦杉、大王杉、ウィルソン株、翁杉と、巨杉を観ながら下っていく。清冽《せいれつ》な水が至る所に流れ、何度も口に含む。軌道跡の道に出ると、縄文杉を目指すハイカーが続々とやって来る。

途中から楠川歩道に入り、自然豊かな趣のある道をたどる。「辻の岩屋」に寄り、辻峠から苔むした樹林の中を下る。白谷雲水峡に着くと、散在する丸い岩に苔が密生し、ミスティーな樹林が広がる。やがて、花崗岩の岩床を滑るように流れる印象深い渓谷が続く。タクシーを呼んで空港へ戻る。

2日間の累積標高差：登り1550m、下り2300m、歩行距離21㎞。

トムラウシ山・五色ヶ原（北海道、大雪山、2141m）2004年7月18・19日

トムラウシ山は日本屈指の名峰。五色ヶ原には、わが国随一というお花畑が広がる。

この2カ所を一度に回るためにはテント泊が必要なため、4年前にテントを購入。今年は願ってもない、7月中旬の3連休。夏の早い北海道では、この時期が花の見頃。天気予報は芳しくないが決行することに。前日、叔父と空路、旭川へ。層雲峡「山の上」に宿泊。昨秋、母と大雪高原沼を訪れた時に泊まった宿。夜、土砂降りの雨。

朝4時に起き、小雨の中、沼ノ原登山口へ。駐車場はすでに満車。雨衣を着て、5時45分、出発。雨でぬかるんだ道を登る。沼ノ原に着くと視界が開ける。大小無数の池塘《ちとう》が広がる雲上の楽園。北海道のみならず、全国でも有数の規模を誇る。池塘を縫って進むうちに、晴れ間がのぞくようになる。「五色の水場」に着くと、豊かな水が湧き出ていた。手の切れるような冷たい水で喉を潤す。

ここからひと登りで五色ヶ原に出る。その広大なこと。行けども行けども草原が続く。やがて、見渡す限りの草原に、花の大群落が広がる。その圧倒的な規模は想像以上。チングルマ、エゾコザクラ、エゾツガザクラなどが咲き誇る。

化雲岳《かうんだけ》で分岐を左に曲がると、ニペソツ山、ウペペサンケ山が顔を出すようになる。溶岩の巨岩が林立する間をたどると小池が現れ、周りを花々が美しく彩っている。人間の技を超えるほどの庭園美。「日本庭園」とは言い得て妙。この後、随所で庭園のような美しいお花畑が現れ、歩が進まない。飽きることのない、変化に富む景観が続く。雪渓、池、湿原、水流、岩、花が絶妙なハーモニーを奏で

ている。日本にこれ以上の所はないだろう。急登を経て北沼に出る。沼に落ち込む雪渓が垂直に切り立って壮観。前方にテントが見え、やっと南沼テント場に着く。歩き始めて10時間半後のことだった。

ここはお花畑の中の美しい所。初めてテントを設営する。すぐ近くを流れる雪解け水を汲んで煮沸し（キツネ由来の恐ろしい寄生虫感染を防ぐため）、今夜と翌日の水を用意する。その後、シュラフに入ると、すぐに寝入る。

寒くて夜半に目が覚める。時計を見ると1時半。隣のテントから星空についての話声がする。テントから顔を出すと、漆黒の夜空に満天の星がきらめいている。これほど美しい星空は初めて。叔父を起こして一緒に眺める。トムラウシ山が眼前に黒々とそびえている。

3時に起床し、衣服を全部着込んで山頂を目指す。テントから出てきた登山者が後ろに続く。山頂一歩手前で大空に明るい光が走る。御来光だ。山頂から素晴らしい朝焼けに見入る。天塩岳《てしおだけ》、音更岳《おとふけだけ》、石狩岳、ニペソツ山、ウペペサンケ山が逆光のシルエットを描く。大雲海の上に遠く日高山脈の山並みが浮かぶ。極め付けは雲海上の十勝連峰の景観。さながら海に浮かぶ列島のようだ。狭い山頂に十数人が集い、トムラウシ山頂からの大観に酔う。

しばらくすると十勝連峰に朝陽が射し、素晴らしい山容を見せる。右隣には芦別岳《あしべつだけ》がそびえ、西には雪渓が多く残る台地状の複雑な地形、北西には表大雪の伸びやかなスカイラインが連なる。ここ山頂部の地形もはっきりしてきた。火口を囲むように、いくつもの峰がある。それにしても雨中の出発だった今回の山行が、これほど素晴らしいハイライトを迎えるなど、想像もできないことだ。

テントに戻り、撤収に掛かるが、予想外に手間取り、出発が遅れてしまった。当初の計画は、往路を戻るものだったが、時間的にも体力的にも無理と判断。コースの短い反対側のトムラウシ温泉に下山し、タクシーで沼ノ原登山口まで回ることにする。早朝の透き通るような光の中、目も鮮やかなお花畑を観ながら下る。「トムラウシ公園」は、まさに大自然の庭園。登り返しから見下ろすと絵のように美しい。砂礫《されき》の台地にはチシマギキョウやコマクサなど、可憐な花々が咲いている。とにかく、トムラウシ山頂周辺の美しさは筆舌に尽くし難い。

沢に下り、谷を埋める長い雪渓をたどる。コマドリ沢で一休みしていると、コマドリの声が絶えず聞こえてくる。この後の新道の登り返しは、ぬかるみが続き、しんどい。稜線に出ると笹の切り開きの道が続く。一足先に下山してタクシーを呼ぶべく、どんどん下る。短縮登山口との分岐で携帯電話を試みるが圏外。思案していると、先ほど追い越したパーティーが来る。話しかけると、車の同乗を快諾してくれた。本当に助かった。

トムラウシ温泉に着き、早速、タクシーを呼ぶ。正午過ぎにタクシーに乗ってから新千歳空港に着くまで、神業《かみわざ》に近いような際どいことの連続だった。タクシーに150㎞の道のりを、最短距離で走ってもらったり、対向車のパッシングで間一髪、取り締まりを免れたり……。こうして何とか、19時発の最終フライトに間に合い、翌日の1学期終業式に臨むことができた。

黒部峡谷と並んで生涯最高の自然探訪だろう。

2日間の歩行距離32㎞、累積標高差：登り1800m、下り2200m。

鳥海山 （山形・秋田県、２２３６ｍ） ２００4年7月29日

東北地方随一の名山。山麓から望む姿は秀麗そのもので、「出羽富士」と称され、古来、人々の守り神としてあがめられてきた。鳥海山《ちょうかいさん》に登りたいと思ったのは5年前のこと。それ以来、何度も登山コースを検討し、花が最も見事という八丁坂を通るコースを採ることに。今回、山行を終えて、花以上に印象深かったのは、雪渓と緑、外輪山等の特徴ある地形、四囲の大展望である。海や海岸線、平野をこれほど見事に望める山もないだろう。

８時、自宅を出発し、一路、山形県へ。庄内平野に入ると、雲の上に鳥海山が高く望まれる。日帰り温泉に寄った後、「湯ノ台道」登山口へ。上がるにつれ、庄内平野の夜景が広がる。登山口で車中泊。

翌朝、４時に起床し、薄明かりの中、出発。しばらくして陽が昇る。よく見ると、日本海に三角形の巨大な影が映っている。鳥海山の影だ。見事な「影鳥海」。八丁坂は百花繚乱。ヨツバシオガマ、トウゲギク、ハクサンシャジン、チョウカイフスマ……。この先の冷たい雪解け水で喉を潤し、大きな雪渓を２つ横切る。

急坂を登り、外輪山に出ると、中央火口丘の新山が目に飛び込む。外輪山の荒々しく壮大な景観が印象深い。朝の斜光線を受け、今回最高の眺め。外輪山上の道をたどり、七高山を目指す。展望抜群のコース。七高山に着くと、東方の展望が素晴らしい。奥羽山脈にせき止められるように、その東側は一面の大雲海。岩手山と秋田駒ヶ岳だけが雲海上に頭を出している。山脈の西側には最上川沿いの盆地群と横手盆地が広がっている。東北地方の半分は見渡せるのではないか、と思えるほどの大展望。

眺望を楽しんだ後、目の前の新山を目指す。花咲く急崖《きゅうがい》を下り、巨岩累々たる溶岩ドームの新山を登る。印に従って進むと、巨岩の迷宮に入る。林立する岩塔の一つに登り着くと誰もいない。展望を求めて隣の岩塔に登る。ここからは期待通りの大展望が広がる。特に西方、北方の展望が素晴らしい。

鉾立から外輪山にかけての眺望、その中に火口湖の鳥海湖がきらり。日本海の海岸線が美しい。随一の眺めは鳥海山北面の山体崩壊地だろう。2500年前に発生した大規模なもので、それによってカルデラ地形と多くの湖沼が形成された。足下が切れ落ち、そのまま広大な原野に続いている。崩壊地を縁取る東西の断崖、山麓に点在する多くの湖沼群……。裏磐梯と相通じる景観だ。

9時に下山を始める。溶岩ドームを下りた所で、担任するクラスの子どもたちにと、石を拾い集める。花を撮りながら、ゆっくり下る。振り返ると、青い空と緑の山肌との取り合わせがいかにも美しい。これぞ夏山の美観だろう。

翌日は月山《がっさん》に登る。下山後、庄内平野を走行中、鳥海山の秀麗な姿が目を奪う。これほど存在感のある山も珍しいだろう。山の東側の線が、富士山のような完璧に美しい線を描いている。この後、日本海の海岸線を走っていると、海に浮かぶように見える鳥海山が目に留まり、車を停めて眺める。

仏ヶ浦（青森県、下北半島）　２００５年8月14日

わが国海蝕崖《かいしょくがい》の最高傑作、高さ数十メートルの岩のオブジェ群が立ち並ぶ。
中学生の時、初めてここの写真を見て以来、憧れてきた。２００５年夏、叔父と東北の山々を巡る際に訪れる。下北半島の大岩峰、縫道石山《ぬいどういしやま》に登った後、仏ヶ浦《ほとけがうら》を目指す。山の中腹を縫う道路を進むと、仏ヶ浦の全容を望む展望デッキがあった。この先の駐車場から海岸に向け、遊歩道を下っていく。しだいに岩の造形が見えてくる。

海岸に着くと、そこはさながら大自然の造形ギャラリー。アートの様な岩の造形、独特の岩の質感、海岸沿いに展開する大自然のオブジェ群。中に足を踏み入れると、そこはオブジェに囲まれた異次元空間。胸の高鳴りを抑えられない。ここにいることの幸せ。黒部峡谷下ノ廊下、赤木沢以来の感動。昔から人々が、ここを特別の場所としてあがめてきたのも納得できる。波打ち際のザラザラの岩盤の上を歩く楽しさも格別。一日中居ても飽きることはないだろう。

【再訪編】　２００５年10月10日

同年秋、妻と東北を周遊した際、再訪する。その時の日記より。
「海岸に降り立つと、その色彩の美しさに驚嘆。薄緑がかった岩のオブジェ群、深青緑色の海、そのコントラストの美しいことと言ったら……。引潮で磯歩きが楽しい。エメラルドグリーンの円い甌穴《おうけつ》、底の見えない濃紺の海の切れ込み……。前回行けなかった南端まで行き、仏ヶ浦の景観を満喫する。」

← 仏ヶ浦　2023年6月撮影

霧島連山縦走

（鹿児島・宮崎県、高千穂峰、１５７３ｍ）２００６年11月３・５日

霧島連山《きりしまれんざん》は九州南部の火山群で、月面クレーターを思わせる火山景観が素晴らしい。特に高千穂峰《たかちほのみね》は山容の美しさが際立つ。中学生の時、地図帳に載っていた写真を見て以来、ずっと憧れてきた。「霧島ハイツ」の温泉に浸かり、夕闇深まる景色を眺めていると、鹿の鳴き声が響き渡る。今日は終日快晴の素晴らしい山行だった。今年５月の霧島山行は暴風雨の中だったので、秋に再挑戦しようと思っていた。

朝、叔父と岐阜を発ち、空路、鹿児島へ。霧島連山の大浪登山口に着いたのが10時半。大浪池《おおなみいけ》に着くと、美しい湖面が眼下に広がる。韓国岳《からくにだけ》を背景にした見事な眺め。火口縁を半周し、岩場から、火口壁を彩る錦の紅葉を眺める。韓国岳へは木の階段が続く。山頂に着くと、多くのハイカーが憩っていた。見下ろす火口の深く大きなこと。えびの高原の湖沼群、大浪池、新燃岳《しんもえだけ》、高千穂峰―素晴らしい展望。高千穂峰はこの上なく美しい。

好展望のコースをたどる。大幡池《おおはたいけ》が望める。途中、ボランティアの人々がスコップを手に、登山道の整備をしていた。新燃岳の火口縁に出ると、硫黄の臭いがする。荒々しい火口の底に緑色の火口湖がのぞく。印象深い景観。右に火口、左に高千穂峰―目移りのする山上のプロムナード。新燃岳の下りからは、高千穂峰の高貴な山容が秀逸。これほど美しい山はないだろう。眼下の中岳は一面のススキの原。その中を、高千穂峰を眺めながら下っていく。至福のひと時。中岳山頂からは、火口の「御鉢」を従えた高千穂峰が見事。この山容を観ることも、今回の大きな目的だった。高千穂河原に下山

し、タクシーで登山口に戻る。

翌4日は、開聞岳に登り、5日、高千穂峰を目指す。

今、鹿児島空港の展望デッキで、霧島連山の美しい姿を眺めながら、この山行メモを記している。今日も快晴だった。一昨日、高千穂峰のあまりに美しい山容を観て、心は満ち足り、一時は市房山に登ろうと思いかけたが、当初の予定通り、高千穂峰を目指すことに。

7時半、登山口の高千穂河原に着く。車はまだほとんどない。朝の冷気が凛《りん》としている。遊歩道をたどると、鹿がいた。振り返ると、朝陽を浴びた中岳が黄金色に輝いている。ザレた急登を経て、御鉢に着くと、火口の壮絶な景観が広がる。見上げると山頂には日の丸の旗が翻っている。火口縁の道は展望抜群のプロムナード。これだから山登りは止められない。この3日間で最も空気が澄んでいて、桜島や霧島連山がくっきり望める。

山頂に着くと、天孫降臨《てんそんこうりん》の神話で名高い「天の逆鉾《さかほこ》」が突き立っていた。鹿児島弁の男性がいて、言葉を交わす。我々が連日、山に登っていることに驚いていた。360度の素晴らしい展望が広がる。小林先ほどから気になっていた三角錐の美しい高峰が市房山だと、山頂にある山岳展望盤で分かる。小林盆地、九州山地、霧島連山が手に取るように眺められる。高千穂峰に登って、つくづく良かったと思う。下山の途中、担任しているクラスの子どもたちへの土産に、溶岩片を人数分、拾い集める。下山後、えびの高原に向かい、池巡りコースを一周する。美しい景観にたくさん出合えた山行だった。

槍ヶ岳・鏡池

（岐阜・長野県、北アルプス、3180m）2007年8月16〜18日

槍ヶ岳は日本アルプスのシンボル。鏡池は槍・穂高連峰を池面に映す雲上の楽園。

友人のS君と槍ヶ岳—西鎌尾根—双六岳—鏡池と回る。平湯温泉からバス始発便に乗り、上高地に着く。食事をし、5時45分出発。静寂の上高地を歩く。豊かな森、梓川《あずさがわ》の清流、穂高岳の眺め……。穂高岳の鋸刃のような稜線に朝陽が射し、彫りの深い見事な山容を見せている。明神岳の険しい山容も印象深い。木立に囲まれた槍沢ロッジで昼食。しばらく進むと、槍沢の左側壁から幾筋もの滝が流下している。雪渓を抱く3千メートル峰が迫ってくる。モレーン末端のU字曲線とその上のアルペン的高峰群は印象的な眺め。苦しい登りが続くが、手の切れるような冷たい水で喉を潤し、一息入れる。吹き渡る涼風、多くの美しい花々……。殺生ヒュッテで一休みする。

小屋を出ると槍ヶ岳の眺めが素晴らしい。振り返ると常念岳のピラミダルな山容が見事。大天井岳《おてんしょうだけ》へと連なる赤茶けた山並みも印象的。出発から9時間半後、槍ヶ岳山荘に着く。夕方、霧が晴れてきて、槍ヶ岳の尖峰が光り輝く。夕食後、2人で槍の穂先を目指す。登るにつれ穂高岳の眺めが広がる。前穂高岳、滝谷の岩壁群が西陽を浴びて輝いている。霧がかかっていた奥穂高岳も姿を現し、ジャンダルム、「ロバの耳」が屹立《きつりつ》している。垂直のハシゴを登って山頂に着くと、父娘と中年男性の3人のみがいた。乗鞍岳、白山、笠ヶ岳をはじめ、ほとんどすべての山々を見渡すことができる。穂高岳が刻々と夕陽に染まっていく。生涯忘れえぬひと時だろう。

翌日、西鎌尾根をたどる。北アルプス最奥の名峰が居並ぶ。中でも灰白色、茶褐色の独特の色彩と

山体のスケールを誇る薬師岳は際立つ。笠ヶ岳の端整な姿は別格。針ノ木岳のピラミダルな山容も目を引く。初めてたどる西鎌尾根は、見慣れた山々に新しいアングルを与えてくれる。注目したのは燕岳《つばくろだけ》。この稜線だけ花崗岩のため白く、その景観は異色で印象深い。硫黄尾根の赤茶けた荒々しい山容も心に残る。振り返る度に槍ヶ岳が高く、鋭くなっていく。槍・穂高の山並みが次々に広がる。至る所に美しい花々が咲いている。タカネナデシコ、ヨツバシオガマ……。千丈沢のカールが美しく、氷河が削り取った跡は壮絶な景観を見せる。

西鎌尾根が、これほど見応えのあるコースだとは思ってもいなかった。槍ヶ岳に至る単なる尾根という従来の認識は一変した。双六小屋に昼前に着く。ここから空身で双六岳を目指す。登り切ると、あの広い縦長グラウンドのような山頂部が現れ、その真ん中を一直線に進む。山頂から引き返し、双六小屋に戻ると、この日、団体予約が2つ入っているという。混雑を避け、鏡平山荘に向けて下る。

鏡平に着く直前、突然霧が晴れ、槍ヶ岳が姿を現す。陽を浴びて燦然《さんぜん》と輝いている。その圧倒的な景観に心躍る。宿泊の手続きをS君に頼み、鏡平に駆け下る。鏡池に着くと、人々が歓声を上げていた。霧によって刻々と変化する山容。劇的な時間が刻一刻と過ぎていく。槍ヶ岳、北穂高岳、ジャンダルムが、霧の中から陰影に富む姿を現し、池面にその姿を映す。これほど感動を覚えたのは久し振りのこと。最高の山岳景観に出合えた喜びに浸る。翌18日、新穂高に向けて下る。

3日間の歩行距離41㎞、累積標高差：登り3000m、下り3400m。

S君とは、恵那山、四阿山、甲斐駒ヶ岳、鹿島槍ヶ岳、利尻山、大雪山旭岳、十勝岳、大峰山脈の大普賢岳などにも共に登る。

 ← 槍ヶ岳と鏡池　左のシルエットの稜線が西鎌尾根

花咲く九重山

（大分県、大船山１７８６ｍ）　２００８年6月7日

九重《くじゅう》連山は6月初旬、ミヤマキリシマの花が咲き誇る。4年前、叔父と登山口の白水鉱泉に泊まるが、翌日は雨天のため、断念した経緯がある。今回は、花の最盛期に当たるため、一般コースだと大混雑が予想される。それで、人が少ないと思われる東側の「今水」から入山し、大船山《たいせんざん》―平治岳《ひいじだけ》―風穴―今水というコースを考える。渋滞が予想される平治岳に着く頃は遅くなり、かえって空いているだろうという読みもあった。

叔父と大分空港に着き、レンタカーで大船山東側の登山口「今水」へ。趣のある原生林の中を登って行く。登り切った平坦地の林相は、特に素晴らしい。カッコウ、ホトトギス、ヤマガラ―野鳥の美声が冴え渡る。野鳥の鳴き声を、これほど美しく感じたことはない。歩いているだけで幸せな気分になる。大船山の東尾根をたどると、米窪の火口壁が望まれる。やがて岩と樹林に囲まれた御池が姿を見せる。印象深い山上湖だ。

14時、山頂に着く。米窪、段原《だんばる》方面の景観が素晴らしい。米窪は圧倒的な火口壁を見せ、ミヤマキリシマが彩りを添えている。北大船山の稜線はミヤマキリシマでピンクに染まっている。南面は花が咲き誇り、東には眼下の御池が美しい。四囲の景色に優れた素晴らしい山頂。

北大船山に着くと、一面のピンクの花園。花の見事さに興奮が収まらない。この景色を観るためにはるばるやって来た。もうこれで何も言うことはない。

花の素晴らしさにつられて、平治岳とのコルまで下ってみることにする。姿を現した平治岳は、山

全体がピンクに染まっている。何という山だろう。コルに着いたのが15時半。多くのハイカーが憩っていた。花園の中の急登を山頂へ。時刻が遅いためだろう、登る者はほとんどいない。火口縁に着くと、山頂部の見事なピンクが目に入る。岩によじ登ると、三俣岳を遠景とするミヤマキリシマの群落が素晴らしい。山頂すぐ手前で時間切れのため引き返す。

火口縁に戻った時、女性の声がした。近くの仲間に「絶景!」と呼び掛けている。その声につられて岩場から見下ろすと、この世のものとは思えぬ景色が広がっていた。濃淡色とりどりのピンクのじゅうたんを一面に敷き詰めたような山腹。生涯最高の花景色だろう。この時期にハイカーがこの山に殺到する訳だ。ここまで足を延ばして本当に良かった。

コルに下り、風穴に至る巻道をたどる。手入れが全くされてなく、意外と時間がかかった。男池からの道に合流し、火山岩のゴロゴロした歩きづらい道をたどる。19時過ぎ、登山口に戻る。

今回の山行は、生涯忘れ得ぬものになるだろう。平治岳のミヤマキリシマのじゅうたん、北大船山の見事な花園、大船山山頂からの好展望、魅力的な御池、迫力あふれる米窪、原生林の趣、野鳥の美声……。大船山は、地形図を見て想像した通り、変化に富む造形美の山だった。九重連山の中では、最も気に入る山になった。九州全土の中でも、高千穂峰、大崩山《おおくえやま》、傾山《かたむきやま》、由布岳《ゆふだけ》と並んで、最も好きな山と言ってよいだろう。

利尻山（北海道、利尻島、1721m）　2008年7月27日

見事な山容を誇る日本最北の名峰。前日、友人のS君と北海道へ。新千歳からレンタカーで留萌《るもい》を目指す。その先の旭温泉に着いたのは21時半。黒色のつるつるの温泉にご機嫌。翌朝4時起床。「オロロンライン」をひたすら北へ。後半はサロベツ原野を突っ切る快適ロード。左手には終始、日本海と利尻山《りしりざん》を望む。稚内からフェリー始発便に乗船。海から迫り上がる利尻山が素晴らしい。鴛泊港《おしどりはく》に着き、タクシーで登山口へ。ついに利尻山へやって来た。

人と出会うこともない、静かな山歩きが続く。樹林帯から灌木帯になり、所々で下界の展望が広がる。礼文島、鴛泊港……。長官山に着くと、山頂部が姿を見せる。マッターホルンを思わせる端整で鋭い山容が見事。しばらく登るとガレの急登になる。花が咲き誇る道をたどり、頂上に着くと、素晴らしい眺めが待っていた。目の前に巨大なローソク岩が屹立《きつりつ》し、眼下には荒々しい火山景観が広がる。東面には針峰群が見える。山頂斜面は一面のお花畑、四囲は海が取り巻く。南峰方面へ進むと見事な花園が広がる。山頂からの眺めを心行くまで楽しむ。

下山は沓形《くつがた》コースへ。山頂直下のガレ場を際どくトラバースする。支稜に出ると、山頂部西面とローソク岩が圧巻の眺め。伝法支稜の針峰群も目を引く。谷底から垂直に迫り上がる岩壁のスケールに目を見張る。三眺山に着くと、西面の全容が開ける。ここから見返り園地までの下りが長かった。園地からタクシーで鴛泊に戻る。その途中、利尻山のほれぼれする姿を望む。日本屈指の山容だろう。

悪沢岳～赤石岳縦走

（静岡・長野県、3141m、3121m） 2008年8月9～11日

悪沢岳《わるさわだけ》は日本第6位の高峰。赤石岳は赤石山脈（南アルプス）の盟主で第7位の高峰。

ついに南アルプス南部山行を決行。思い起こせば10年前、悪沢岳―赤石岳―聖岳と縦走すべく、ザックに詰め、出かけるばかりだったのに台風のため断念。その後も天候不順のため再三断念。こうして南アルプス南部高峰群は遠い存在になっていた。今回はまずまずの天気予報に、思い切って叔父と出かける。畑薙《はたなぎ》第一ダム手前の駐車場に着くと、関東、関西ナンバーの車がほとんど。改めて、ここが全国区だと知らされる。ここからリムジンバスで登山口へ。椹島《さわらじま》ロッジに宿泊。

翌9日、苔むした原生林の中をたどる。岩尾根からは荒川三山が望まれる。清水平の水場には手の切れるほど冷たい水が湧き出ていた。見晴台では悪沢岳から赤石岳へと続く好展望を得る。出発から6時間後、千枚小屋に着く。お花畑に囲まれた展望の良い山小屋。夜中に目が覚め、外に行くと、満天の星がきらめいていた。居合わせた男性に星の説明をすると、喜んでもらえた。

翌10日、快晴。朝陽に染まる赤石岳を観るべく、千枚岳に急ぐ。展望地に着くと、赤石岳が目前にそびえる。素晴らしい山容とスケール。谷を隔てているので比高も十分。この山容を観られただけで大満足。ひと登りで千枚岳山頂。北方の大展望が開ける。塩見岳が美しい三角錐で目を引く。そして大きな間ノ岳《あいのだけ》、鋭い北岳、農鳥岳《のうとりだけ》、鳳凰三山と地蔵岳のオベリスク……。

千枚岳から丸山にかけての岩稜は、花が咲き誇る。マツムシソウ、タカネビランジ、キキョウ、ミヤマハハナシノブなど、紫、ピンク、白、黄と、目を奪う美しさ。特にタカネビランジの群生は見事。

タカネツメクサとタカネシオガマの白、赤紫の取り合わせも美しく、歩が進まない。これほど花の見事な稜線も珍しいだろう。花と山岳展望―もう言うことなし。悪沢岳へは岩場の楽しい登り。ここはチシマギキョウが咲き誇る。山頂からは仙丈ヶ岳、甲斐駒ヶ岳も望めるようになる。大展望に心が浮き立つ。

荒川中岳を経て前岳へ。ここから観る大崩壊地は凄絶を極める。その縁に立つと、今にも足下が崩れ落ちそうなほど。南方の展望が一段と開け、百間平、大沢岳、中盛丸山、兎岳など、赤石岳から聖岳に連なる主稜が望める。起伏が激しく、ここの縦走は見るからに厳しそうだ。荒川三山南面にはカールが三つ並ぶ。分岐に戻り、荒川小屋に向けて下る。カールのお花畑は、規模が大きく、ハクサンイチゲ、ミヤマキンポウゲなどが咲き乱れている。出発から5時間後、荒川小屋に着く。この日は素晴らしい景色の連続だった。

翌11日、快晴。5時出発。正面に小赤石岳が大きくそびえる。朝の冷気の中、ほぼ水平の道をたどる。マツムシソウなどの花々が登山道を彩る。振り返ると、荒川三山が美しい。特に前岳は迫力ある山容。大聖寺平からは、見上げるような急坂を登って行く。キキョウが花盛り。展望がしだいに開けてくる。御嶽山、乗鞍岳、槍ヶ岳、穂高岳、恵那山……。

さらに登ると笠ヶ岳も。前岳の大崩壊地は穂高岳のような大岩壁の様相を見せる。大日影山の鋭い稜線には霧がかかり、印象深い。やがて仙丈ヶ岳、間ノ岳、農鳥岳、地蔵岳のオベリスクが姿を現す。さらに塩見岳、甲斐駒ヶ岳、八ヶ岳、奥秩父山塊までが。東方には富士のシルエットが美しく大きい。小赤石岳に着くと、正面に赤石岳が迫る。

雲上のプロムナードを進み、念願の赤石岳山頂に立つ。展望は言うことなし。主だった山は、全て望める。正面に聖岳が大きい。山頂台地の東端からは、赤石カールが美しい。心ゆくまで眺望を楽しむ。赤石岳山頂には、日本最高所の一等三角点があり、山頂の石はどうしても持ち帰りたかった。しかし、記念になる石がなかなか見つからない。結局、四度取り換え、赤石の名に相応しい赤味を帯びた石にする。

当初は赤石小屋に泊まる予定だったが、天気、体調とも良いので椹島まで下ることに。分岐に戻り下っていく。ミヤマハナシノブなど可憐な花々が咲き誇り、歩が進まない。小赤石カールのお花畑を横切る。岩峰とお花畑の取り合わせが素晴らしい。カール壁に囲まれた天国のような大空間。見飽きることがない。際どい道を経て富士見平へ。赤石小屋に着き、弁当の残りを食べる。居合わせた男性が、井川湖畔の民宿を勧めてくれたので、椹島ロッジ泊の予定を変更。

椹島発のバス便を確かめると、14時が最終便と判明。一瞬、焦るが、何とか間に合いそうだ。それでも下るにつれ、時計を見ることが多くなる。針葉樹林の中の緩やかな尾根道を快調に下る。後半は急降下の連続。椹島に着いたのは、最終便5分前。赤石岳山頂から標高差2千mをよく下ってきた。これだけ一気に下ったのに、道が良かったため、足への負担は少なく、疲れも予想外に少なかった。

田代温泉の「ふるさと」に飛び込みで宿泊。温泉に浸かり、ゆっくり休む。

３日間の累積標高差３７００m、歩行距離28㎞。

翌12日は御前崎に寄る。海抜３千メートルの南アルプスから０メートルの海岸に下り、山行を締めくくる。

毛無岩

（群馬県、1300m）　2009年5月3日

群馬県南西部は、岩峰・岩塔の宝庫。その一峰が毛無岩《けなしいわ》で、高さ300mの大岩壁がそそり立つ。名前の由来は、この大岩壁に草木がほとんど生えていないことによる。

春の大型連休には、この山域は上品なアカヤシオの花が咲き誇り、度々訪れてきた。これまで二子山、鹿岳《かなたけ》、立岩《たついわ》、大岩・碧岩《みどりいわ》、高岩と、この山域の主な岩峰を登り、最後に残ったのがこの毛無岩。昨秋、『山と渓谷』誌上に載った紅葉期の素晴らしい写真を目にし、俄然、登りたくなった。今回、叔父と、両神山《りょうかみさん》、天狗岩、高岩と共に訪れる。登山口の道場集落奥に駐車。神社手前で川に下り、橋を渡る。2年前の台風禍で谷沿いの登山道は壊滅。今回は尾根道を往復することに。渓谷沿いに進んだ後、山腹の急登を経て尾根に出る。

キツツキのドラミングの音が聞こえる。新緑の尾根道は変化に富み、美しい。展望も良く、新緑をまとった岩壁・岩峰が刻々と姿を変えていく。立岩、「イデミ」（岩峰）がよく見える。だが、毛無岩はなかなかその姿を見せない。岩コブを巻いて登り返すと、ついに毛無岩がその迫力ある姿を現す。主稜に出て一休み。ここからは木をつかみながらの急登。アカヤシオが咲き誇る小岩峰を、いくつも乗越していく。ついに達した頂は爽快この上ない。足下は垂直に300mも切れ落ち、360度の展望をほしいままに。真っ白な八ヶ岳、浅間山、御座山《おぐらさん》、高岩、妙義山、鹿岳……。今まで自分が登ったこの山域の岩峰を全て見渡すことができる。「イデミ」はアカヤシオでピンクに染まっている。13時半、下山。途中で出会ったのは2人のみ。

← 右の稜線が登路

甲斐駒ヶ岳

（山梨・長野県、南アルプス、2967m）　2010年10月2日

わが国随一のピラミダルな山、日本屈指の名峰。全国に数ある「駒ヶ岳」の最高峰。北沢峠行き登山バスが出る伊那市「仙流荘」に着くと、それまで心配された空がうそのように晴れ渡り、鋸岳の怪異なシルエットが、東の空に浮かぶ。すでに始発バス待ちの長蛇の列ができていたが、何とか6時始発便に乗ることができた（5台目）。車窓からは澄み切った眺望が得られ、心躍る。特に鋸岳の独特の山容に心引かれる。北沢峠に着くと、ひんやりする。叔父と北沢に沿って進む。シラビソの樹林を抜けると、広い岩塊斜面が現れる。

仙水峠に着くと、目の前に摩利支天がそびえる。花崗岩の大岩壁が圧巻の眺め。駒津峰まで急登が続く。途中から展望が利くようになり、甲斐駒ヶ岳の白い峰が近づく。背後には塩見岳、悪沢岳《わるさわだけ》、間ノ岳《あいのだけ》、北岳などが逆光のシルエットを見せる。中央アルプスは朝の光線を受けて、克明にその山容を誇っている。仙水峠から本格的な登りが始まった時、自分の体が、登山する喜びを感じていることに気がつく。早朝の清々しい空気を胸いっぱい吸い込み、一歩一歩踏みしめながら登る心地良さ。この感覚は久し振りに味わうもの。

3登目となる今回は、甲斐駒ヶ岳をじっくり味わうつもりで来た。駒津峰に至ると、茶褐色の鋸岳が端整な山容を見せる。その後方は御嶽山、乗鞍岳から北アルプス全山という豪華なもの。中でも笠ヶ岳の美しい三角錐は際立つ。東方には鳳凰山の右手に富士の美しいシルエットが浮かぶ。しだいに迫ってくる甲斐駒ヶ岳。今までは甲斐駒山頂部の白い花崗岩帯を、高山的雰囲気を損なうも

側が穂高・槍、右端が立山・劔　2014年10月撮影

のと感じていたが、今回は甲斐駒独特の気高さ、代え難い個性と感じた。昨年、叔父と白峰三山を縦走した帰途、北沢峠手前で登山バスから観た、白く気高い甲斐駒の姿は、深く心に刻まれた。その影響だろう。六方石の分岐を直登コースへ進む。

岩場が随所にあり楽しい。花崗岩の岩壁、岩塔も見応えがある。山頂目指して一歩一歩着実に登って行くのが何とも快い。今まで味わったことのない気分。澄み切った青空、遮るもののない爽快な岩の斜面、ピラミダルな独立峰……。こうしたことに加え、絶えず山頂を見ながら着実に登り詰めていく醍醐味。甲斐駒ヶ岳は、登山の根源的な楽しみを味わわせてくれる。頂上に着き、展望の利く南面を見ながら休む。

下山は巻道をたどる。分岐から、今まで寄ったことのない摩利支天に寄る。東側に回り込むと、目の前に大断崖が現れ、圧倒される。甲斐駒山頂直下の赤石沢奥壁だ。これほどの大岩壁があろうとは思いもしなかった。霧が立ち昇ってきて凄絶感が漂う。ここに寄らないことには目にすることのない景観。この後、双児山を経て北沢峠に戻る。

甲斐駒ヶ岳は3登目だったが、最も感動が大きく、新しい発見も多かった。

 ← 地蔵岳から望む甲斐駒ヶ岳　遠景は北アルプス　左手が乗鞍岳、右手左

西横川遡行

（長野県、中央アルプス）　２０１２年８月８日、９月13日

ついに西横川《にしよこかわ》を遡行。この渓《たに》を知ったのは10年ほど前に購入した『関東周辺沢登りベスト50コース』（山と渓谷社）にて。以来、いつかは遡行したいと思い、地形図に水線を記入したり、ネットで遡行記録を調べたりしてきた。駒ヶ根高原からバス始発便に乗り、終点の駒ヶ岳ロープウェー駅で降車。少し戻り、入渓点の橋に。いよいよやって来た。これから遡行終了までは自分独り。絶対にケガはできない。すぐ先の堰堤《えんてい》は、左岸の踏み跡をたどり、堰堤直前で右へ斜上して越える。しばらく遡ると2つ目の堰堤が現れる。堰堤を越えた先で微かな踏み跡を見つけ、渓筋に降りる。澄み切った青空、美しい緑、岩壁を流れ下る滝、ホタルブクロなど数々の花……。単独遡行の不安は、こうした美しい景色を前に、いつしか消えていた。

やがて、落差30ｍ、この渓最大の滝が現れる。流身沿いに登るのは水量が多くて無理のようだ。左手の岩壁に取り付くが、少し先で行き詰まる。岩が丸く傾斜していて逆層のため、スタンス、ホールドがなくなってしまった。フリクションを利かせて登ることも考えたが、高さがあるため、滑ったら一巻の終わり。慎重に戻る。結局、岩壁左手のルンゼを登る。

今回の遡行では滝の直登が意外に困難で、取り付いてはみたものの、結局戻って巻いた滝がいくつかあった。これが残念な点だった。逆層の岩壁と岩のぬめりがその要因。急傾斜の渓なので、遡るにつれ、渓谷というよりも、崖を水が流れ落ちているといった渓相になる。沢登りというよりも岩登りといった方がふさわしい。二俣を過ぎる頃から、背後に南アルプスが姿を見せ始める。塩見岳、

白峰三山《しらねさんざん》、仙丈ヶ岳、甲斐駒ヶ岳、鋸岳、悪沢岳《わるさわだけ》……。南アルプスに見守られながら渓を遡る。滝を越える度に緊張を強いられ、急登の連続で体力を使う。渓の水を何度も飲む。

やがて、大きな二俣が現れる。ここは本来、右に進むべきところを左に進んでしまったため、予期せぬ困難を強いられることになった。いつまで経っても「奥の二俣」も「奥の30ｍ大滝」も現れない。代わりに現れたのは、草の急斜面。踏み跡もはっきりしなくなり、草をつかんでの急登に体力を消耗。登れど登れど、ロープウェー駅に至る「長谷部新道」は現れない。少し登っては休み、少し登っては休みの繰り返し。疲れ切った頃、突然、長谷部新道に出た。頼りなげな道をとぼとぼ歩く。千畳敷からロープウェーに乗り、戻る。忘れ難い遡行となった。

【再挑戦編】　２０１２年９月13日

入渓点の橋のたもとで身支度をする。またやって来た西横川。前回は二俣から支谷を遡行してしまい、最後は草の急斜面を必死の思いで這《は》い上がる羽目になった。30ｍの大滝も直登できず巻いたため、今回はリベンジを兼ねてやって来た。実は今回、再挑戦すべきかどうか、迷った。来年の夏にする、そもそも同じ所に行くのは止める、単独遡行への不安……。しかし、前日からの好天、夏が去ってしまう寂しさ、そしてリベンジに備えて新調した沢靴と沢用ウエアなどが後押しし、再度の西横川遡行を決める。前夜はほとんど寝つけなかった。

最初の２つの堰堤は難なく通過。渓筋には鮮やかなトリカブト、シモツケソウ、ハクサンシャジンなど、前回とは異なる花々が咲き誇っている。渓にはまだ陽が射さず、単独での遡行に不安が募る。

態に備えて鈴を身につけ、周囲に目を配りながら遡る。今回、ネオプレーンとゴムでできた釣用の手袋をはめてきたが、これがなかなかの優れもの。掌部分のゴムが、のっぺりした岩へのフリクションに優れる。手袋の指先は切り落とした。

やっと大滝が現れる。大滝を前に、ルートをよく検討する。沢靴の紐を締め直し、カメラをザックに収め、いよいよ大滝に取り付く。右の水流沿いはフリクションが利き、思ったより簡単に登れた。左に渡り、岩壁に取り付いてからが難しかった。手掛かりが乏しいため、スリップしたら助からない。最も安全なルートを探し、慎重を期してよじ登って行く。何とか滝を乗り越え、リベンジを果たした満足感を覚える。

前回は、この先の二俣を左に進んだが、今回は右に進む。ここからは初めてのコース。そして最も楽しい所でもあった。10m級の滝が次から次へと現れ、息継ぐ間もない。ほとんどの滝は水流を登ったり、乾いた岩壁をよじ登ったりした。これぞ沢登りの醍醐味。多くの滝を登ったので、一つ一つの滝をどのように越えたのか、よく思い出せないほど。やはり、ここを通らなければ西横川の遡行価値は半減するだろう。

そのうち、しだいに足が重くなってペースが落ち、渓の水を何度も飲む。奥の二俣が近づく頃には、休みながらの登りとなる。ついに奥の二俣とゴルジュ内の多段滝が姿を現す。滝左側の岩壁が迫力ある。滝の前で一休みし、呼吸を整える。まず左側の大きな段差を登る。最後の段差は右から取り付くが、ぬめりが強いので、危険を避けて戻り、左の草付きから巻く。踏み跡はしっかりしていたが、傾斜が急なので、灌木や草をつかんで登る。やっと滝上に出て一安心。

この先、もう難所はない。すぐに水が涸れ、涸谷の中の急登となる。岩床が発達していて、半ば岩登りといった感じ。ますます足が重くなり、すぐ休むようになる。沢登りは、やはり普通の登山とは違う。今回のような滝の連続する急登コースでは、なおのこと体力を使う。

登り続けると、ついに赤リボンが目に飛び込んできた。長谷部新道に出たのだ。休憩後、少し進むと、顔写真入りの立派な慰霊碑があった。千畳敷までふらふらで歩く。沢靴のままだったこともあるが、谷側へ4度も足を滑らせてしまった。ハイカーが行き交う千畳敷に着き、ロープウェーで戻る。

リベンジを果たした満足感、無事、帰還した安堵感に浸ると共に、体力の無さを思い知った今回の遡行だった。

遡行した標高差約1000m。

布引滝

（栃木県、日光連山）　2012年8月21日

日光の女峰山《にょほうさん》北面にかかる落差128mの秘瀑、日本屈指の名瀑。

前日、奥日光の鬼怒沼《きぬぬま》湿原を訪れ、川俣湖温泉「上人一休の湯」で車中泊。朝、林道をゲート前まで進む途中、美しい野生の鹿2頭に遭う。ゲートから延々と林道を歩き、遊歩道に入る。途中からこの道と分かれ、渓《たに》に向け一気に下って行く。数カ所、崩壊跡を横切り、美しい支沢で喉を潤す。やがて広場のような空間に出る。この先、苔むした平らな岩が広がる所から、踏み跡がはっきりしなくなり、注意しながら進む。赤テープの所から直進する踏み跡をたどると、トラロープが下がっている。これを下って渓に降り立つ。

いよいよここからは気が抜けない。道なき渓を左岸通しに遡って行く。しばらく遡ると、前衛の滝が現れる。左右に岩壁が発達し、越えるのは難しそう。滝直前まで進み、ザイルが下がる右の急崖をよじ登る。ここが最も気を遣った所。踏み跡をたどると、目の前に布引滝《ぬのびきのたき》が姿を現す。素晴らしい。高さ、構成、岩壁、水量とも申し分ない。これほどの滝がまだ日本にあったとは……。ここから見上げる滝は、3段の滝がほぼ一直線に並び、滝姿が整っている。三連瀑の見事な構成美は、わが国随一だろう。落差は3段で128m。周囲の岩壁も素晴らしい。左手の岩壁は柱状節理が発達し、右手の岩壁は荒々しい。真北に落ちているため、陽は全く射さず、「布引」の名からは想像もつかない凄絶感が漂う。深山の中、独り、滝を眺め続ける。

南駒ヶ岳〜空木岳縦走

（長野県、２８４１ｍ、２８６４ｍ）２０１２年10月5・6日

共に中央アルプスを代表する名峰。この2峰をどのように回るかいろいろ考えた。17年前は、「みのハイキングクラブ」のＨ氏と伊奈川ダムから左回りに周回した。しかし、2日目、暴風雨の中を木曽殿山荘から空木岳まで必死で登ったため、景色は何も見えなかった。そのため、晴天時にもう一度ここをたどりたいと思ってきた。一昨年は、山仲間のＭ氏と池山尾根コースをたどって、空木岳を日帰り往復した。今回は、伊奈川ダム—南駒ヶ岳北沢尾根—南駒ヶ岳—空木岳—木曽殿山荘—伊奈川ダムという周回コースをたどる。ただ、今の自分に標高差１８００ｍを登り、空木岳を経て木曽殿山荘までたどり着けるのか、不安もある。

４時前、自宅を発つ。東の空には、金星が明るく輝いている。伊奈川ダム先の登山口に6時過ぎ着。林道をひたすら歩く。やがて、メインコースをそれ、南駒ケ岳への直登コースに入る。自然のままの趣のある道が続く。小尾根に出ると、展望が開け、御嶽山、南木曽岳、恵那山、乗鞍岳、北アルプスが望まれる。北沢尾根に出ると、空木岳、越百山《こすもやま》、仙涯嶺《せんがいれい》が姿を現す。樹林の中を黙々と登っていた前半と違って、景色に変化があり、元気が出てくる。

２５９１ｍ峰に着くと、目の前に南駒ヶ岳が姿を現す。ハイマツの緑の中、紅葉の赤と花崗岩の白が、山容を引き立てている。このコースを登ってきた甲斐があったというもの。しかし、ここから先が大変だった。ハイマツをかき分けながらの急登、ガレ場の通過、不明瞭なルート……。突然、バリエーションルート然に。途中から岩場が現れ、俄然、面白くなってきた。赤テープや踏み跡を探しな

がら登っていく。山頂直下のこの岩稜ルートは実に楽しかった。

こうして西側から南駒ヶ岳山頂に至る。山頂には誰もいない。正面には南アルプスの大展望が広がる。中でも甲斐駒ヶ岳のピラミッドが一際印象深い。塩見岳の隣に富士山が顔を出している。八ヶ岳もくっきり望める。北方には空木岳、木曽駒ヶ岳などが主稜上に重なっている。中腹は黄葉に覆われ、見事な景観。摺鉢窪カールは紅く染まり、その左手には百間ナギが荒々しい。眼下には伊那谷が黄金色に輝いている。腰を下ろし、この素晴らしい眺望に見入る。今朝、登山口で居合わせた「山岳ジョガー」の若者が、越百山経由でやってきた。

山頂を後に、空木岳までの稜線歩きを楽しむ。目の覚めるような紅葉が随所にあり、そのたびに立ち止まる。今回ほど景色の美しい縦走は初めて。空木平の南尾根の美しさが目を引く。丸みのある尾根の上部はハイマツの緑で覆われ、その両側が紅葉に彩られている。空木平の紅葉も素晴らしい。空木岳山頂に着き、一休み。その後、木曽殿山荘に向けて下る。ここは17年前、暴風雨の中、登った所。巨岩の重なる岩場を、鎖や足場用フックを使いながら下っていく。大きな岩塔、岩壁が続く豪快なコース。岩と紅葉の取り合わせが素晴らしい。16時、木曽殿山荘に着く。

翌朝、6時に小屋を発つ。最後の一人だった。下山中、行き違う登山者のほとんどが大きなザックを担いでいた。一人の若者は摺鉢窪避難小屋に泊まるという。最後は長い林道歩きの末、登山口に戻る。今回の山行は、先日の西横川遡行と並んで、今年のハイライトだろう。

2日間の累積標高差約3000m、歩行距離約28㎞。

谷川岳

（群馬・新潟県、越後山脈、１９７７ｍ）　２０１２年10月9日

日本三大岩場の一つ、高さ１０００ｍの凄絶な大岩壁を連ねる名峰。多くの若者がこの大岩壁に挑んで命を落とした。頂部は「オキの耳」、「トマの耳」の２峰に分かれている。

今回、谷川岳《たにがわだけ》を登るに当たり、コースをいろいろ検討した。今年から旧国道は環境保護のため、全面車両通行止めになり、一ノ倉沢まで歩かねばならなくなった。それならば、まだ見ぬ幽ノ沢までそのまま進み、中芝新道―谷川岳―ロープウェーで下山というコースを考える。堅炭岩《かたずみいわ》を観られるのも魅力。しかし、中芝新道は難コースのため、入念に下調べをする。

前日、登山口近くの「土合ハウス」に宿泊。同宿の「シニア２人組」と夕食の席で話が弾む。千葉の人で、翌日、ロープウェーを利用して谷川岳を越え、朝日岳を経て周回してくるという。運が良ければ、谷川岳の稜線上で行き違うことになるかもしれませんね、と話を交わす。

翌朝、ロープウェー乗場に駐車。5時20分、薄暗い中、叔父と出発。マチガ沢は霧に包まれ見えず。明るくなってくると、ブナをはじめとする樹林の美しさに目を奪われる。

一ノ倉沢に着くと、大岩壁がワイドスクリーンのようにそそり立つ。日本離れした壮大な景観。ベンチに掛け、朝食。他に誰もいない。すぐに霧に包まれ、なかなか晴れない。30分ほど待つと、大岩壁の左半分に朝陽が射し、素晴らしい景観を見せる。男女２人組がやって来て、先に行く。一ノ倉沢の歩道沿いの岩壁には、無数の慰霊碑が埋め込まれていた。この先の幽ノ沢の岩壁にも。ここが特別な場所であることを実感させる。

← 一ノ倉沢　当日辿った稜線は雲の中　2023年10月撮影

芝倉沢に8時着。ついにやって来た。急峻な沢を見上げると、身が引き締まる。先ほどの2人組が少し先を進んでいる。

渓《たに》に入ると、リボンや真新しいペンキマークが随所にあり、迷うことはない。快い緊張感と共に遡る。左岸の巻道で、トラロープに沿って下るべき所を直進してしまい、行き詰まる。トラロープまで戻り、沢床に降りる。大岩を乗り越え、先ほど引き返したガレ末端の岩石帯を、下の方で渡る。従来の巻道が危険になったので、新たにルートを作ったようだ。そのまま左岸をたどると、尾根への取り付き点に出た。ここで一息入れる。

この先は、叔父が先頭を行く。尾根に取り付くと急登が続く。笹の刈払いが山頂までされていたので大いに助かったが、蛇紋岩《じゃもんがん》のため滑りやすい岩場が随所にあり、気が抜けない。このルートを下ることはとても危険だろう。尾根の縁に出ると、堅炭岩が眼前にそびえる。霧に煙る怪奇な岩峰のシルエットに、足が止まる。

この辺りから目の覚めるような紅葉が続く。色も紅、朱、黄と多彩。コース左側は切れ落ちた幽ノ沢で、霧が昇ってくる。岩稜コースは岩コブを巻いたり、大岩を乗り越えたりと変化に富み、登り甲斐がある。しばらく登ると突然、霧が晴れ、右手山腹一面に陽が射す。心躍るひと時。尾根上の紅葉を手前に、笹で覆われた美しい山腹が輝いている。武能岳の端整な山容も素晴らしい。

さらに登ると一面の笹原になる。急登に喘《あえ》ぎ、一ノ倉岳に着く。展望の良い山頂の西で休む。紅葉に彩られた谷川岳が、正面に望める。稜線の東、一ノ倉沢側は一面の霧、西側は笹の斜面と稜線上の紅葉が美しい。谷川岳から西に延びる主稜が、逆光で黒々としている。深い谷を隔てて、万太郎山、

 ←← 霧湧く稜線　稜線の左手下に一ノ倉沢の大岩壁がそそり立つ

仙ノ倉山、平標山《たいらっぴょうやま》が重なるように連なる。万太郎山のピラミダルな山容は目を引く。急坂を下り、谷川岳「オキの耳」へ登り返して行く。ふと見ると、見覚えのある2人組がやって来る。昨夜同宿だったあの「シニア2人組」だ。お互いの無事を願って別れる。

オキの耳は人でいっぱいだったので、その先で休む。残念ながら霧に包まれ展望はない。トマの耳から登山道を下って行くと岩場に出た。15年前、母、叔母と共に登ってきて、霧がかかってきたため引き返した所だ。やがて霧が晴れ、青空がのぞく。

天神平への巻道を少し進んだ時、突然、若い女性の悲鳴が聞こえた。それと同時にガサガサッという微かな音も。滑落したのかなと思う間もなく、すぐ前を歩いていた若者が振り向きざまに声のした方へ駆け出した。我々も後を追う。少し戻った所で、老人が木道から5mほど滑落していた。もう一人の若者がすでに老人の横に下りていた。先ほどの若者はザックから素早くロープを取り出し、木道に固定して下り始めた。その迅速な行動に感心する。

若い2人の女性は、老人に声を掛けたりしていた。2人の若者に助けられ、ロープにつかまりながら、老人は登山道まで上がってくることができた。顔に少しすり傷がある他は目立った外傷はなく、自分で歩けそうだという。左足にマヒがあり、バランスを崩して滑落したという。他山の石としなければ。老人の連れの若い女性は、携帯で救助要請ができるというので、後は任せて先に行く。

ロープウェーで下山し、この日の宿「土合山の家」へ。母たちと来た時も泊まった懐かしい宿。

※その後、中芝新道は崩壊が進み、2023年現在、廃道となっている。

浅間山（長野・群馬県、２５６８ｍ）２０１２年10月15・16日

わが国を代表する活火山。外輪山、火口原など複雑なカルデラ地形を有する名峰。早朝、岐阜市内の叔父の家を発ち、浅間山《あさまやま》の西、車坂峠を目指す。峠に着くと、佐久平、八ヶ岳、奥秩父山塊、富士山をはじめ、槍ヶ岳、穂高岳も望める。叔父はここから西の高峯山へ、自分は東の外輪山を目指す。カラマツの黄葉に彩られた日本庭園のような所がある、秋を満喫できるコース。景色が光り輝いている。左手に四阿山《あずまやさん》が優美な山容を見せる。

外輪山の一角、槍ヶ鞘《やりがさや》に出ると、秋色の浅間山が悠然とそびえる。火口原から美しく迫り上がる名山中の名山。これほど存在感のある山容もないだろう。シラビソの濃緑、カラマツの黄、その中に点々と紅が……。最高の浅間山を観た思い。このすぐ先「トーミの頭」からは火口原が美しく眺められる。蛇骨岳《じゃこつだけ》、仙人岳へと連なる外輪山の岩壁が見応えある。ここは火口原に迫り出した大岩壁の突端で、眺望抜群。この後、黒斑山《くろふやま》を越え、蛇骨岳へ。初めて西側の展望も開け、３６０度の眺望が広がる。山頂の岩場は紅や黄の葉で埋められ、美しい。ここで引き返し、車坂峠に戻ると、叔父が待っていてくれた。近くの天狗温泉「浅間山荘」に宿泊。

翌朝、５時半出発。渓谷に沿って登って行く。やがて牙山《ぎっぱやま》の大岩峰が迫って来る。９年前に浅間山に登った時、下山時に火山館に寄ると、所員の人が「午後の陽が紅葉した牙山の岩壁に射すと、それは美しいです」と話してくれた。しかし、その時は時間切れで、その前に下山したのだった。牙山と向かい合う「トーミの頭」の大岩壁は真っ青な空の下、朝陽を浴びて輝いている。その日本離れした

 ← トーミの頭　2017年6月撮影

景観に、叔父も感嘆の声を上げる。火口原に出ると、カラマツの黄葉が美しい。樹林を抜け、本峰の登りにかかる。絶好の晴天で遠くの山々まで見渡せる。北アルプスが大屏風のように連なり、圧巻の山岳絵巻。

分岐から火口に向かう。硫黄の臭いがしてくる。砂れきの急坂を登ると火口縁に出た。初めて観る浅間山の火口。これぞ火口という完璧な火口。赤味を帯びた垂直の大岩壁に囲まれた深くて大きな火口。火口の底から噴煙が立ち昇っている。叔父と登った、北海道、雌阿寒岳の火口を思い出す。叔父が火口縁を歩き出したので後に続く。火口底に黄色い硫黄の塊が見える。反対側には八ヶ岳、南アルプス、妙義山、毛無岩《けなしいわ》……。

火口縁を半周すると、最高点に着き、燧ヶ岳《ひうちがたけ》、赤城山などが望める。浅間山がまさに日本の中心に位置していることを実感。火口縁の残り半周は踏み跡がしだいに不明瞭になり、最後の登り返しでは、はっきりした踏み跡がなくなる。山腹を巻くようにして登山道に出る。この辺りは硫化ガスが流れてきていたので、ハンカチを口に当て、足早に通り抜けた。こうして、火口を一周、今回最も印象深い所となった。

少し下った所で、北アルプスを眺めながら昼食。湯ノ平に下り切る手前から、丈の低いカラマツの黄葉が美しい。黄金色に輝き、まばゆいばかり。これほど美しいカラマツの黄葉は初めて。本峰にも陽が射し、カラマツの黄葉に彩られて美しい。賽ノ河原方面へ進むと、さながら日本庭園のような美しい所が続く。前方、鋸岳の岩壁が迫力あふれる。叔父が岩壁に向かって登り始めたので続く。しばらく登ると、岩壁に囲まれた所に出る。山腹一面を紅葉が覆い、素晴らしい眺め。

ここで引き返し、火山館へ。牙山にはまだ陽が射していないようなので、火山館のベンチに疲れた体を横にして休む。叔父は館内を見学。体力抜群で、向学心に富む叔父。

13時半、牙山のよく見える所まで登山道を下る。谷を隔てて、裾を鮮やかな紅葉に彩られた大岩峰、牙山がそびえる。またとない素晴らしい景色。岩壁にはまだ陽が射さない。叔父に先に行ってもらい、陽が射すまで待つ。しばらくすると陽が射し始め、岩壁に立体感が出てきたので、これで満足する。下って行くと、「トーミの頭」は朝とは全く違う景観を見せている。岩壁に陰影がつき、荒々しい表情を見せる。ゆっくり歩いてくれていた叔父に追いつき、登山口に戻る。出発から9時間半後のことだった。

浅間山の良さを満喫できた山旅だった。

【トーミの頭、撮影行】 ２０１７年6月16・17日

トーミの頭に朝陽が射すのは、地形の制約で夏至の頃に限られる。浅間山近くの道の駅「みまき」で車中仮眠。翌日、深夜1時に起き、登山口の「浅間山荘」へ移動。月も星も全く望めないので、不安が募る。２時過ぎ、漆黒の闇の中、カウベルを鳴らしながら出発。熊出没への緊張が解けない。やがて、月と星が見え始める。カモシカ平に着くと、トーミの頭は薄明りの中、その威容を誇っている。

朝陽が射すまで30分以上ある。じっとしていると、寒さで体が震えてくる。ジャンプして体を動かす。振り返ると、一面の雲海の上に八ヶ岳が浮かんでいる。先程までは雲海の下だったので、月も星も見えなかったと納得。４時27分、ついにトーミの頭が赤く染まり始める。刻一刻と、大岩壁に赤味が広がっていく。（１４０頁・１４１頁の写真参照）

霧ヶ滝（兵庫県、扇ノ山）　２０１３年4月28日

扇ノ山《おおぎのせん》の山中にかかる落差65ｍの名瀑。叔父と山陰の海岸を巡った際に訪れる。前日、岩井温泉「明石屋」に宿泊。1時に目が覚め、眠れずにいると、霧ヶ滝《きりがたき》探訪が頭に浮かぶ。霧ヶ滝は30年来、気になっていた滝。4時過ぎ、目を覚ました叔父に声を掛けるが、残っているというので単身出発。遊歩道入口に5時着。

古い看板があるだけで、駐車スペースもなく、人が入っている様子もない。新緑に彩られた深い渓谷を足早に進む。早朝の冷気、雪解け水の音を轟かせる渓《たに》、明るくなり始めた空、野鳥の美声……。単独行の緊張の中、充実した時が流れる。

鉄製の橋が随所で流されていて、木製の簡易橋が渡しかけてある。かつては遊歩道として整備されていたのだろう。水量が多いため、渓の渡渉にてこずる。途中から大高巻に入る。この辺りから雪渓が見られるようになる。随所で支谷が滝となって、本谷に注いでいる。やがて前方遠くに大岩壁が望まれる。あの辺りだろう。滝の上部が目に入る。もうすぐだ。

しばらくたどると、ついに霧ヶ滝が姿を現した。秘瀑の雰囲気を漂わせ、豊かな水を落としている。滝前の大きな空間、高くそそり立つ幅広い大岩壁、目前の大雪渓……。滝を取り巻く景観全体が素晴らしい。朝陽が射すのを待つが、東方に雲がかかり、望み薄。それでもしばらく待つと、さっと陽が射し、滝の上部が朱を帯びて輝いた。この一瞬を捉え、シャッターを切る。

思い出深い滝探訪となった。

摩天崖・通天橋・知夫赤壁（島根県、隠岐の島）２０１３年5月22・23日

わが国屈指の海岸奇勝。学生時代に写真を見て以来、憧れてきた。

叔父と大阪空港から隠岐へ。白鳥海岸や浄土ヶ浦を回り、「隠岐プラザホテル」に宿泊。翌朝、西郷港からフェリーに乗船。中ノ島に寄り、西ノ島の別府港に着く。レンタカーで国の名勝、国賀《くにが》海岸へ向かう。まず摩天崖《まてんがい》の上へ。牛馬がくつろぐ伸びやかな放牧地の中を車で進む。道路にも牛馬が居て、道は糞でいっぱい。展望の利く尾根上の道は爽快。

駐車場に着くと、眼下に国賀海岸が印象深い景観を見せる。摩天崖は海から垂直に２５７ｍそそり立つ、わが国最大級の海蝕崖。その突端まで続く緑の草地を、草を食む牛馬を避けながら歩いていく。何という風景。他では見られない、ここならではの印象深いもの。

次に国賀浜へ。観音岩をはじめとする「天上界」の岩塔群が、別世界を思わせる。遊歩道を下って行くと、前方に荒々しい大岩壁が現れる。そのスケールの大きさと色彩の強烈さに圧倒される。さらに進むと通天橋《つうてんきょう》がその全容を現す。予想をはるかに超えるスケールと存在感。日本屈指の自然造形だろう。叔父はここから遊歩道を摩天崖の上まで登り、自分は足に痛みがあるため、天上界を散策した後、車で摩天崖へ向かうことに。

散策の途中、目を上げると、通天橋の岩壁の上に白いカッターシャツ姿の叔父が認められる。車で摩天崖へ上り、叔父を待つ。間もなく叔父が到着し、昼食。この後、赤尾展望所や鬼舞展望所に寄り、浦郷港へ。予約しておいた国賀海岸を巡る観光船について確認すると、波が高いため欠航することに

なったという。残念でならない。気を取り直し、近くの海岸を車で回る。別府に戻り、「みつけ島荘」に宿泊。

翌朝、快晴。船で知夫里島《ちぶりじま》へ。下船後、レンタカーで知夫赤壁《ちぶせきへき》を目指す。知夫赤壁は高さ１００m、長さ１kmに及ぶ大断崖。その中に、赤褐色の強烈な色彩の地層が走る。国の名勝、天然記念物。駐車場に着き、心躍らせながら遊歩道を進むと、赤褐色の岩壁が見えてきた。断崖突端に出ると、知夫赤壁の威容が目に飛び込む。右手の緑一面の斜面、そして濃い赤褐色の斜層と灰白色の垂直の地層。天下の奇観だろう。海には陽が降り注ぎ、コバルトブルーの色彩を際立たせている。港に戻り、２人だけの貸切観光船に乗る。

上の前方デッキで、海風を受けながら景色に見入る。島の北を回り込む辺りから、断崖が顕著になる。数々の大岩脈、海蝕洞、垂直の大岩壁などが相ついで現れる。洞門の一つに入ってくれた。中は大きく、長さが70ｍもあるという。イワツバメがたくさん舞っていた。天然の岩の橋、大断崖の切れ込みを過ぎ、ついに知夫赤壁が。

船は赤壁の真下まで近づいてくれた。凄絶、壮大な垂直岩壁。陸上からは前方しか見えていなかったが、海上から見ると、陸上の展望所が馬蹄形の垂直断崖の上にあることがよく分かる。向かって右手の大断崖はもう一段高く、顕著な地層を走らせている。赤い地層に貫入している岩脈《がんみゃく》は、古代の生物を連想させ、不気味さを漂わせている。学生時代から憧れてきた知夫赤壁の全容をついに目にすることができた。

 ←← 知夫赤壁　← 通天橋　岩壁は高さ 100m に及ぶ

三条ノ滝

（新潟・福島県、尾瀬）　２０１3年6月3日

わが国随一の水量を誇る、落差１００m、幅30mの大瀑布。尾瀬は2度訪れているが、今回、ミズバショウに期待し、叔父と訪れる。登山口の鳩待峠から尾瀬ヶ原に下ると大にぎわい。ここから尾瀬ヶ原を縦断するが、行き交うハイカーの多さに驚く。やがて人の数も少なくなり、正面に燧ヶ岳《ひうちがたけ》を眺めながら、新緑の美林で縁取られた大湿原を進む。ミズバショウが結構、咲いている。カッコウの声は何度も聞こえてくる。やがて温泉小屋が見えてきた。22年前、手術後の母の全快祝いに、家族で尾瀬を訪れた際に泊まった懐かしい山小屋。

ここにザックを置き、三条ノ滝《さんじょうのたき》を目指す。切り立つ岩尾根の突端に出ると、水量豊かに流れ落ちる巨大な平滑ノ滝《ひらなめのたき》を観る。ここからかなり歩くと、前方に、立ち昇る水煙が見えてくる。次に樹間越しに滝の上部が。さらに下って行き、岩壁から迫り出すように設けてある展望台へ。ここから観る滝は、言葉を失うほどの迫力とスケール。融雪期の水量豊かな三条ノ滝を期待していたが、想像をはるかに超える姿に立ち尽くす。陽光を浴び、白く輝きながら盛り上がる奔流の躍動感。居合わせた人たちも皆、感嘆の声を上げている。この日は温泉小屋に泊まる。

翌朝、外に出ると一面の霜。早朝の大湿原を、満ち足りた気持ちで歩く。しばらく進むと、突然、目の前を中型の鳥が飛び過ぎ、近くの木に止まって「カッコウ」と鳴き出す。カッコウの姿を目にしたのは初めてのこと。人を恐れる様子もなく、何度も鳴き続けた。

鉾岳・大滝（宮崎県、１２７７ｍ）２０１4年4月23日

高さ３００ｍ、日本最大のスラブを大滝が流下する。叔父と宮崎県、大分県の岩山、滝を巡った際に訪れる。登山口の鹿川キャンプ場から歩き始める。正面に鉾岳《ほこだけ》の見事な岩峰がそびえる。叔父もその山容に驚く。山腹から山頂にかけ、アケボノツツジのピンクで彩られている。登山道に入り、落ち葉に埋もれた道をたどる。驚くほどの巨岩がいくつも横たわっている。

尾根道になると、ミツバツツジの落花が、登山道を赤紫色に染めている。快晴、涼風、新緑、花……。やがて、スラブの基部に着き、左へ少し登ると見上げるばかりの巨大スラブの真下に出る。登山道に戻り、スラブと沢筋に挟まれた、ワクワクするような異空間を進んで行く。頂上に巨岩を載せたような巨大スラブを見上げ、対岸の見事なアケボノツツジ群落を眺めながら……。ここにこのような空間が存在するとは、予想もしていなかった。

左岸に渡り、滝見台への道に入る。真下から見上げる大滝は素晴らしい。滝を観てこれほど感動するのはいつ以来だろう。スラブの中央を美しく流下する真っ白な水の流れ。スラブのスケールにも引けを取らない、日本離れした景観だ。落差は見えている部分だけでも80ｍはあるだろう。視野に入っていない上部を含めると、優に１００ｍは超えるだろう。これほど見事な大滝なのに国土地理院の地形図には滝記号の記載すらない。落口付近はアケボノツツジが咲き誇っている。分岐に戻り滝見新道をたどる。際どいトラバースを経て、上部の平たんな源流部に至ると、美しいナメ床が続く。右に登り、アケボノツツジの花園の中を進む。迫り出した岩の上から、巨大スラブと大滝の大観を眺め続ける。

雨飾山、荒菅沢直登

（新潟・長野県、1963m）2014年10月8日

信越国境にそびえる名峰で、東面の大岩壁「布団菱《ふとんびし》」は圧巻。前夜、雨飾山《あまかざりやま》の登山口で車中泊。気が張り詰め、なかなか寝つけなかった。朝、18年前と同じコースをたどる。色づき始めたブナ林が美しい。荒菅沢《あらすげざわ》に着くと、迫力ある岩峰群が望まれる。ここから登山道をそれ、荒菅沢を直登し、山頂を目指す。この間、道はなく、人も通らない。無事に行けるかも分からない。しかし、この先にある布団菱の大岩壁を間近で観るため、この難ルートに挑む。久し振りの大きな探勝に、不安と期待が入り交じる。

ヘルメットをかぶり、いよいよ荒菅沢に足を踏み入れる。ケガをしないよう、細心の注意を払いながら進む。ゴルジュの手前に大きな雪渓が残り、その先に山頂手前の鋭鋒がそびえている。落石に気を付けながら進んで行くと、大きな岩が谷筋を塞いでいる。ここまでか。右壁から巻くことはできないか。近づくと、小さなスタンスがいくつかあり、乗り越えることができた。しかし、この先、無事通過できるか不安が募る。少し進むと、また大きな段差が現れた。これも何とか乗り越す。ゴルジュを抜けると、岩峰群に囲まれた異次元空間が待っていた（162・163頁参照）。これを観るためにやって来た。

右手には布団菱の白い大スラブ、左手には今まで隠れていた岩峰が、磨かれたスラブの上に3つそびえる。この素晴らしい景観に見入る。この先の二俣は左へ進む。左手のスラブがすぐ横まで迫る。右手に大岩壁が姿を現す。布団菱の左端に当たる岩壁で、リッジ上に怪奇な小岩塔がいくつも並び、

目を引きつける。何度も足を止めて眺める。山頂直下の稜線に、ほぼ一直線に突き上げているこの沢筋をたどる。傾斜はかなりきつい。水が涸れ、その先の二俣でどちらに進むか迷う。右俣に入るが、途中で二俣に戻り、左俣に入り直す。

時々、振り返って、たどってきた荒菅沢を見下ろす。右手下方のスラブを流れる水が幾筋も光っていて印象深い。丈の長い草をつかみ、急斜面を登って行くと、稜線上の登山道を歩く人の姿が目に入る。あと少しだ。しかし、そのまま沢筋を進めばよかったものを、少しでも早く登山道に出ようと右に振ったため、思わぬ苦労を強いられる。草のない裸地に出てしまい、傾斜が急でつかまるものもないため、滑り落ちそうになる。そんな自分に好奇の目を向けながら、「シニア氏」が通り過ぎる。ついに登山道に出た。振り返って見下ろすと、荒菅沢は直滑降のようだ。反対側は海谷山塊が素晴らしい眺め。18年前、初めてその怪奇な山容を目にし、強烈な印象を受けた。姫川沿いの黄金色の田、糸魚川の街、日本海もくっきり望める。

ひと登りで山頂に着くと、素晴らしい展望が広がる。初冠雪で白く輝く北アルプスの峰々――白馬岳、五竜岳、鹿島槍ヶ岳などが雲の上に顔をのぞかせている。山頂を後に、登山道を下る。荒菅沢に着く直前、右手岩壁を彩る紅葉が鮮やかだった。荒菅沢では眺めの良い所に腰を下ろし、見事な景色に見入る。

この先の展望ポイントからの眺めも秀逸。鋭鋒と布団菱の岩壁とが相まって、目が釘付けになる。居合わせた中年男性が別の男性に、「沢を登って来る人がいた」と話しかけていた。それは自分のことだと名乗る。そう、この人こそ、登山道に出る直前の自分を見た、「シニア氏」その人だった。

今回の探検的自然探訪は、生涯で十指に入るものだろう。

御神楽岳（新潟・福島県、越後山脈、１３８６ｍ）２０１４年10月25日

高さ６００ｍの凄絶な大岩壁と、すり鉢状の巨大スラブを有する名山。

『日本２００名山を登る』（昭文社）でその凄絶な岩壁を見て以来、心引かれてきた。紅葉と晴天の重なる日を待ち続け、前日、新潟県に向かう。磐越道、津川インター近くの麒麟山公園で車中泊。翌朝、朝霧の中、蝉ケ平《せみがだいら》コースの登山口へ向かう。着くと、すでに1台来ていた。地元、新発田《しばた》市の男性で、御神楽岳《みかぐらだけ》には4回登っているという。入山者がいることで、ほっとする。準備をしていると、岡山県の単独女性が到着。

6時、出発。急がねば東向きの大岩壁に陽が射すチャンスを逃してしまうという焦りと、急いでもこの朝霧のために見えなくては、意味がないという気持ちが、入り交じる。歩き始めてすぐ、右手に岩壁が迫る。鉱山跡には立派な慰霊碑が3つ並んでいた。この先の大岩壁で遭難死した若者のものだ。道は、谷筋から30ｍほどの高さに付けられている。時々眺められる広谷川の渓谷が気になる。美しい滝や大きな淵が見られる。

登山道は数本の支沢を横切るが、いずれも滝となって本谷に注いでいる。岩盤が滑り易いため、支沢の横断には神経を使う。湯沢出合から、支稜の山腹を登って行く。時折、霧が晴れ、湯沢奥壁の上部が姿を現す。そのたびに心が浮き立つ。しかし、すっきり晴れることはない。

支稜上に出た時、光り輝く湯沢奥壁の全容が目に飛び込む。息をのむ素晴らしさ。日本にまだこれほど見事な大岩壁があったとは。凄絶な大岩壁、スリルある岩稜の直登、錦の紅葉—これ以上贅沢な

← 御神楽岳、湯沢奥壁　高さ600mの大岩壁

登山があるだろうか。感動と興奮、緊張が混然となった不思議な精神状態が続く。「栄太郎新道」というこのルートは、バリエーションルートも同然。鎖場、ナイフリッジが連続し、堪《こた》えられない。ステッキを片付け、灌木や草をつかんで登って行く。

そのうちに、これほどの険路を無事、下山できるだろうかと不安になってくる。何せ、険しい岩稜そのままのルートで、人為的なものはほとんどない。スラブ状の岩場をよじ登って主稜に出ると、雲海の彼方に飯豊連峰が連なる。眼下には、大蕎麦谷沢源頭の岩壁が素晴らしい。この先、樹林の急登が続き、湯沢ノ頭からは、巨大スラブ上端の狭い稜線をたどる。

山頂に11時半着。飯豊連峰、磐梯山、吾妻連峰、日光白根山、燧ケ岳《ひうちがたけ》、越後三山、荒沢岳などが、雲一つない秋空の下に望まれる。眼前のすり鉢状巨大スラブは圧巻の眺め。紅葉した灌木が彩りを添え、素晴らしい。

下山に時間がかかりそうなので、しばらくして往路を戻る。滑落やスリップに十分注意したが、主稜から支稜に下るスラブ状の岩場で、数回スリップする。下るにつれ、紅葉も鮮やかさを増す。鎖場では登りと同じくらい時間を要し、4時間かけて登山口に戻る。

御神楽山―素晴らしい山だ。生涯最高の山行の一つだろう。栄太郎新道は、湯沢奥壁を眺めるために設けられたようなルートだ。このルートのおかげで、御神楽岳の真髄に触れることができた。

大雪山、ピウケナイ沼（北海道）　２０１５年9月15日

大雪山《だいせつざん》を代表する湿原、沼の平のすぐ上にある美しい池塘《ちとう》。

ここの紅葉を撮るため、北海道へ。新千歳空港からレンタカーで大雪山麓へ。十勝岳温泉の自炊施設「白銀荘」に宿泊。翌朝、早起きし、旭岳ロープウェーを目指す。6時半の始発便に乗り、上の駅へ。ナナカマドの紅葉が鮮やか。

２人の男性と相前後しながら、ひたすら当麻乗越を目指す。一人は、５年前にも来たことがあり、前日も来たけれど、雹《ひょう》が降ってきたため下山し、この日、出直して来たという。裾合平付近は紅葉が美しく、巨岩と池塘で日本庭園の趣。ぬかるみと朝露でズボンは泥だらけ。当麻乗越に着き、眼下のピウケナイ沼を間近に見下ろす地点まで下る。それまで隠れていた沼の全容が望め、心が浮き立つ。予報では、寒気が抜けて安定するということだったが、雲が次々に流れてきて、沼面に青空が映ることはほとんどない。

ここで2時間待ち、青空が映り込んだ瞬間にシャッターを切る。この間に、反対側の愛山渓温泉から登ってきた男性と居合わせる。小田原市の「初老氏」で、会話が弾む。「今まで北アルプスの雲ノ平が一番美しい所だと思っていましたが、他にこんな美しい所があるんですね」。雲ノ平には、赤木沢単独遡行の際訪れたことを含め、３回訪れているという強者。当麻乗越に戻り、紅葉に彩られた旭岳に陽が射すのを、３時間待って、帰路に就く。

御前ヶ遊窟（新潟県）　2014年10月26日

御前ヶ遊窟《ごぜんがゆうくつ》は天国だった。これまでに最も感動した所。垂直の岩壁群の真下に立った時、天国に抱かれているような気持ちになった。その切れ味鋭い垂壁、最上部のオーバーハングした怪奇なスカイライン、真っ白な岩肌の見事な質感―どれを取っても唯一無二。心震える至福の時を過ごす。20年ほど前、山岳雑誌『岳人』でここの写真を見て以来憧れてきた夢が、ついにかなった。

前日、御神楽岳に登り、下山後、近くの麒麟山公園で車中泊。就寝準備をしていたら、警官に職務質問を受けてしまう。家出騒動があり、近くを捜しているとのこと。

5時起床。この日も朝霧がかかっていたが、移動の途中に霧が晴れ、山並みの上部が朝陽で輝く。登山口に着くと、車は1台もない。7時過ぎ、ヘルメットを着用し、沢沿いの道を歩き始める。自分が先頭ということ、ついにここに来たということ、出発がやや遅れたということ―いろいろな不安、緊張を抱き、ひんやりとした空気の中をたどる。タツミ沢を過ぎると、左岸スラブ壁上部に朝陽が射す。シジミ沢出合が近づくと、御前ヶ遊窟の岩塔群が現れる。

シジミ沢出合に降り立ち、沢水で喉を潤す。テープを目印に、陰気な涸沢を慎重に登って行く。石は滑りやすく、固定ロープの助けを借りる。狭い沢を抜けると、沢床はスラブに変わり、前方に岩塔群が姿を見せるようになる。進むにつれ視界が開け、そのつど足を止めて見入る。そしてついに、紅葉に彩られた御前ヶ遊窟の全容が眼前に現れる。何と素晴らしい景観。まさに大自然の芸術。天国に足を踏み入れた気持ち。澄み切った青空、屹立《きつりつ》する岩塔群、見事なスラブ、鮮やかな紅葉……。この素晴らしさは筆舌に尽くし難い。今まで目にした最高の自然景観の一つ。

ここから絶景の中のスラブ登攀《とうはん》が始まる。岩は乾いていてフリクションが利き、スタンス、ホールドも適度にある。登るにつれ景色が変わり、そのたびに眺め入る。自分が今、まさに御前ヶ遊窟のただ中にいるという感慨と、スラブ登攀の緊張感が背中合わせ。ルートが複雑なため、ペンキマークとテープを見失わないよう、絶えず確認しながら進む。スラブをよじ登ったり、トラバースしたりする時は、滑落への不安と登攀の高揚感で、何とも言えない心境。

薮の直登ルートには、随所にロープがかかり、木の枝も使って体を引き上げる。スラブ登攀と薮の直登が数十回も続き、さすがに心身とも擦り減ってくる。聞きしに勝る難ルートだ。腕力がなければ無理だろう。垂直岩壁の基部に着くと、2つの洞窟が口を開けている。御前ヶ遊窟だ。ここで初めて登山者と行き違う。

帰路は尾根道の「ソウケイ新道」を下る。思った以上に歩きやすく、ほどなくタツミ沢に降り立つ。この直前に手強い鎖場があった。登山口に戻り、帰り支度をしていると、地元の「年配氏」が2人やって来て、話を交わす。御前ヶ遊窟に現在のルートができる前は、スラブの直登しかなかったという。四つん這《ば》いでよじ登り、怖くて下を見られなかったという。ヒメサユリ咲く7月も良いと教えてくれた。品格漂う紳士だった。

聖岳（長野・静岡県、南アルプス、３０１３ｍ）２０１5年7月30・31日

日本最南の３千ｍ峰、わが国屈指の名峰。

奥三河の明神山から眺めた時、悪沢岳や赤石岳から眺めた時、東名高速や中央道走行中に見た時ーその時々に孤高を誇っていた聖岳《ひじりだけ》。初登は2年前、叔父と果たしたが、今回は山仲間のM氏、Mさんと、この高峰を目指す。4時、迎えに来てくれたM氏の車で出発。遠山郷の山腹道から聖岳の見事なピラミッドを望む。遠山川の谷の奥に、２５００ｍの比高でそびえる聖岳の山容は、素晴らしいの一言。登山口の便ヶ島《たよりがしま》に8時着。

尾根に取り付くと、登りに次ぐ登り。コメツガ、モミなどの自然林が美しい。途中まで2人と共に登るが、山小屋到着時刻が気になり始め、一人先行することに。そのうちに倒木が目立つようになる。倒木の上も岩の上も苔で一面に覆われ、悠久の自然を思わせる。薊畑《あざみばた》に着くと南の展望が開ける。ハクサンフウロ、マツムシソウなどが美しく咲く中、聖平小屋まで下る。聖平は水の流れる別天地。枯れ木が横たわり、独特の景観。伊勢湾台風で多くの木が倒れたという。2人の到着を待って小屋に入る。

この日、ツアー登山者がいるので、冬季小屋を割り当てられる。これが幸いし、一人で広いスペースを使うことができた。しばらくして「三百名山自惚《うぬぼ》れ男」が小屋に入ってくる。自慢話ばかりしたがる品格のない男。それに、他人がランク付けしたものに縛られた男でもある。

翌朝、4時20分出発。薊畑で食事をしていると陽が昇る。ここから一人先行する。小聖岳の手前で、聖岳が全容を現す。比高は４００ｍを超え、大きく高い。振り返ると、光岳《てかりだけ》方面の峰々に霧がかかり、

幻想的な眺めが広がる。この先の岩稜コースが、今回のハイライト。前回は霧の中だったが、今回は荒々しい岩稜と美しい花々が目を引く。信州側は凄絶な谷を造っている。岩場の至る所にシロツメクサとチシマギキョウが咲き誇り、目を奪う。前方左手の大岩壁も見応えがある。いよいよ本峰への苦しい急登が始まり、忍の一字で耐える。

7時過ぎ、頂上に立つ。正面に赤石岳が大きい。その奥に荒川前岳の荒々しい稜線、その先に塩見岳と仙丈ヶ岳。西側には、兎岳から大沢岳へと連なる主稜がくっきり望め、中央アルプス、恵那山も。奥聖岳まで往復する。前半は岩稜コース、後半は、巨岩の散在するお花畑の中を進む。山頂に戻ると、丁度2人が登り着き、握手でたたえ合う。

8時過ぎ、下山開始。小聖岳まで一緒に下り、それから一人先行する。途中までは順調に下るが、その先、極端に膝に力が入らなくなり、回復のため休憩を取る。その後、ますます力が抜け、少しバランスを崩すと体勢を立て直せず、倒れ込んでしまう。起き上がろうとすると尻もちをつく始末。それ以後はバランスを崩さぬよう細心の注意を払い、一歩一歩、膝を伸ばしたまま下る。やっとの思いで尾根を下り切り、沢にたどり着く。顔を洗い、頭を水に浸け、しばらく休む。ここからは平たんな道をゆっくり歩き、登山口に戻る。非日常の2日間だった。

2日間の累積標高差3070m、歩行距離28km。

今回の他に、M氏、Mさんとは、多くの山行を共にする。剱岳、立山、蝶ヶ岳、錫杖岳（途中まで）、鳳凰三山、木曽駒ヶ岳、三ノ沢岳、空木岳、谷川岳、赤城山……。地元、美濃、飛騨、木曽、鈴鹿、近江の山々には、数知れず一緒に登る。

安ノ滝・桃洞沢・赤水沢

（秋田県、森吉山）　２０１５年10月15・16日

安《やす》ノ滝は落差90ｍ、日本屈指の名瀑。学生時代にその存在を知ってから40年来憧れてきた滝。その間、滝の第一人者、永瀬嘉平氏から紅葉期の写真を贈ってもらうなどした。安ノ滝は、自分がまだ観ぬ滝の中で、百四丈滝と並ぶ名瀑中の名瀑だろう。それだけに、この滝の初見は最高の姿でと思い続け、この近くを通ることがあっても、寄ることはしなかった。

今回のもう一つの目的は桃洞沢・赤水沢の遡行《そこう》。この両沢は、美しいナメが続く沢として、ずっと心にあった。ここも紅葉期に訪れたいと思い続けてきた。数年前からはネットでも調べ、準備をしてきた。この過程で、安ノ滝上流部を遡行できることも知り、今回、これらを組み合わせて訪れることにした。地元に問い合わせると、今年の色づきは例年より鮮やかだという。

明日から晴天が続くという予報に期待し、３時半、自宅を出発。８００㎞を13時間かけて現地へ。日帰り温泉「クウィンス森吉」で入浴と夕食を済ませ、道の駅「あに」へ移動し、車中泊。最低気温2度と冷え込む。

翌朝7時半、安ノ滝の上流を目指して出発。林道終点から、落ち葉を踏み、幽玄の森を歩く。ブナをはじめとする原生林のたたずまいがえも言えない。色とりどりの紅葉・黄葉に錦秋の風情が漂う。今まで歩いた森の中でも一、二を争う素晴らしさだろう。安ノ滝落口に至る沢に降り立つと、水量の多さに驚く。すぐ先で、増水のため深くなった淵に行く手を阻まれ、万事休す。夏の再訪を期して引き返す。林道を車で戻ってくると、安ノ滝駐車場は満車。マイクロバスまで来ている。15時頃に滝全

体に陽が射すということなので、それまで、ここで待つ。

14時になり、安ノ滝目指し、渓谷沿いの道を歩き始める。進むにつれ、紅葉が鮮やかになる。陽が燦々《さんさん》と降り注ぐが、背後から流れてくるちぎれ雲が気になって、何度も後ろを振り返り、滝に着くまで陰らないでくれと祈る。言い知れぬ高揚と緊張に包まれ、錦秋の渓谷を急ぐ。滝の上部が見えてきた。手前右手はるか高みから岩壁を伝い落ちる滝も、紅葉に彩られて美しい。ついに安ノ滝手前の滝に着く。ここから見上げると、安ノ滝が二段の滝に見え、見事な構成美を見せる。左手高みからは白糸滝が落ちている。


右岸の踏み跡をたどり、上を目指す。安ノ滝本体が眼前に華麗な姿を現す。これほど見事な滝はないだろう。滝全体が陽を浴びて輝いている。水量が多く、優美さと力強さを兼ね備えている。滝前の空間、周囲の岩壁、錦の紅葉とも素晴らしい。この先に下って行くと、滝壺に至る。左手の白糸滝が頭上高くから流れ下り、鮮やかな紅葉と相まって印象深い。この絶景の中にいることの幸福感に浸る。八甲田山中の松見滝、南アルプスの精進ケ滝《しょうじがたき》の感動に匹敵するだろう。

安ノ滝にかかっていた虹がしだいに大きくなっていく。やがて滝の下部から陰り始めたので、滝を後にする。「クウィンス森吉」で湯に浸かり、近くのレストラン「四季美」の駐車場で車中泊。

翌16日、桃洞沢・赤水沢を目指す。雲一つない快晴。駐車場から美しい森の中をたどる。ノロ川がすぐ脇を流れているが、全く音がしない。それほどゆったりと流れている。水深は深く、底まで透き通っている。

分岐でまず桃洞沢へ。最初から大きなナメが現れる。進むにつれ側壁が立ってきて、一枚岩のナメが続くようになる。カーブを曲がると、突然、桃洞滝が姿を現した。想像を上回るスケール。水量も多く、実に立派だ。すぐ左手、頭上はるか高みから六段ノ滝が落ちている。桃洞滝の右手岩壁に、ステップが切ってあるのが見える。しかし、ここを越えるのは不安を覚えるほど。桃洞滝の上流は、また夏に来ることにし、引き返す。

分岐に戻り、赤水沢へ。出合の大ナメを渡渉。左岸に付けられた山道をたどり、途中から渓《たに》の中を遡る。それにしても何と平たんで幅の広いナメだろう。これが延々と続くから堪《たま》らない。水深は、ほとんどが足首上ほどしかない。所々に潜む深みにはまらないよう気を配りながら、秋の渓を遡る。両岸のスラブ壁が屏風のように連なり、それを錦の紅葉が飾っている。何という世界だろう。立ち止まっては眺め入る。途中で腰を下ろし、この美しい世界に浸る。

長年の夢をかなえられた今回の自然探訪は、生涯忘れえぬものだろう。

百四丈滝直下行

（石川県、白山）　２０１６年８月31日・９月１日

白山山中の壮大な岩壁を90ｍ直落する秘瀑、日本屈指の名瀑。

台風が逸《そ》れ、澄み切った青空が広がる。いよいよ百四丈滝《ひゃくよじょうのたき》直下行の決行かと思うと、言い知れぬ緊張に包まれる。この時をずっと待ち続けてきた。24年前、Ｈ君と丸石谷を遡行して百四丈滝を目指すが、直前で黒滝に行く手を阻まれ、無念の敗退。20年前、登山道から望遠レンズで滝を撮影すべく登るが、天候悪化のため、またも途中で敗退。その後も、識者に、滝へのアプローチについて問い合わせるなど、百四丈滝への憧れは絶えることがなかった。

数年前、登山道の途中から道なき山腹を下り、滝直下に行き着く難ルートがあることを、ネット上で見つける。俄然、直下行が現実味を帯び、去年、目印用の赤布も用意する。今夏は天候不順のため、どこにも行けないまま終わろうとしていた。ところが最後に好機到来。この数日、台風一過の安定した晴天が望め、雨後で滝の水量も期待できる。今回ほどの難ルートに単身挑むのは初めてだが、今夏の鬱積《うっせき》した気持ちが決行を後押しする。

３時半、自宅を出発。７時、ハライ谷登山口に着く。他に車はない。20年前の撮影行もここからだった。万一に備え、車内の見やすい所に予定コース図を残す。今回こそはと願いながら、４ℓの水、食料、寝具、望遠レンズなどで重くなったザックを担ぎ、急坂を登っていく。加賀禅定道との合流点に10時着。この先、展望が利くようになり、黄金色の金沢平野、青い日本海がくっきり見渡せる。涼風が吹き渡り、暑さを和らげてくれる。

11時45分、やっと奥長倉避難小屋に到着。サブザックに水と望遠レンズを入れ、滝展望地へ向け出発。美女坂の急登を経て、ついに滝展望地に着く。広大な清浄ヶ原《せいじょうがはら》の水を集めて垂直の大断崖を一気に落ちる豪瀑、憧れの百四丈滝が目の前に。14時前後のわずかな間だけこの滝に虹がかかる、という山岳雑誌『岳人』の記事を読み、その時刻に合わせて来たのだが、13時50分、突然、滝の下から虹がかかり始める。

最初は、落下した水が跳ね上げる水煙に虹ができる。その姿、形が目まぐるしく変化し、まるで生き物のよう。心躍り、シャッターを切り続ける。しだいに虹が上昇していくと、流身の周りにできる水煙が虹に染まるようになり、劇的な光景が展開する。虹のカーテンができ、まるでオーロラでも観ているよう。14時20分、虹が消える。30分間のスペクタクルだった。

展望地を後にし、避難小屋へ戻る。夕焼けを観た後、横になるが寒くてかなわない。雨衣、衣類を全部着込むと、何とか耐えられるようになる。しかし強風の音などでなかなか寝つけない。外に出てみると、美しい星空の下、金沢の街の夜景が広がる。

翌日、朝食後、水1ℓ、食料、ヘッドランプ、非常用防寒衣、登山靴用テープ、赤布、カメラなどをサブザックに詰める。万一に備え、コース図を小屋に残し、出発。昨日の疲れが残り、体が重い。滝展望地を過ぎると木道になり、池塘《ちとう》が点在する伸びやかな高原の中を進む。本当に百四丈滝直下を目指すつもりなのか。昨日、虹のかかった素晴らしい滝を観ることができたので、それで十分ではないか。滝直下行は次回に延ばせば……。体が重いこともあって、何度も弱気が湧いてくる。しかし、せっかく万全の準備をしてここまで来たのだからと、必死に自分に言い聞かせ、折れそうにな

る心を何とか制する。天池に着く直前、百四丈滝の上半部を望むことができ、心躍る。

天池に8時半着。ここから、滝に向けて下る斜面を一望できるが、思いの外、急傾斜で長く、身が引き締まる。笹ヤブの中の標高差400mの下降だ。下る沢筋は、はっきりしない。ただ、コース途中の巨大岩はよく見えている。下っていくうちに目指す沢筋に出ることを願い、手袋をはめ、赤布を腰に付け、いよいよ下降開始。

最初は沢筋がはっきりしなかったが、やがて明瞭な沢筋に出て、下っていく。密生した背丈以上の笹ヤブの中で、周囲の状況は全く分からず、間違っていたらという不安は拭えない。笹をかき分け、張り出した木の枝を潜ったりまたいだり……。体の重さはいつしか吹き飛び、無我夢中で進んで行く。しばらく下ると赤テープが現れ、大岩も出てきたのでほっとする。さらに下ると、目印の巨大岩が現れ、コースの正しさを確信。

このまま下ると、滝をかける断崖に出てしまうので、この先の適当な所で左手の笹ヤブに突入。必死にヤブこぎをして左隣の沢筋に移る。しばらく下ると水流が現れ、冷たい水で喉を潤す。沢筋を合わせるたびに水量が増し、沢歩きの様相になる。傾斜が増し、慎重に下っていく。すると突如、百四丈滝の上部が目に飛び込んできた。この先も下降を続け、やっと丸石谷に降り立ったのは、天池出発から2時間後のこと。

百四丈滝が眼前に、その圧倒的な姿を見せている。胸の空くような直瀑。その高さと膨大な水量の躍動感。そして大岩壁のスケールと迫力……。これに比肩しうる滝はないだろう。写真を撮ろうとしてシャッターを押すが、作動しない。昨日、虹の滝の撮影でバッテリーを使い果たしていたのだ。何

岩壁上、滝の落口から左下へ斜めに走る黒い影は滝の影 →

たること。無我夢中で数百枚も撮ったので無理もない。止むなく、目に焼きつけることにし、一心に滝を観る。明るいうちに下山するには刻限とみて、百四丈滝を後にする。

巨大岩の前に出てから大岩群までは沢筋を忠実にたどる。下る時は笹の抵抗をさほど受けなかったが、上りとなると笹がこちらを向いているので、困難を極める。折れている笹の先で、手や顔を何度も突く。その後、沢筋が次々に分かれ、行きと違う沢筋に入ってしまう。気がつくと沢筋は消え、猛烈な笹ヤブに行く手を阻まれる。右へ強引に笹をかき分け、新たな沢筋を見つける。少したどるとまた行く手を阻まれる。

こういうことを繰り返すうちに、焦りが募り、体力を消耗。登山靴を酷使したのだろう、左右のソールが相ついで剥《は》がれてしまう。テープで応急処置をするが、すぐにテープが破れてしまうので、ソールをはぎ取る。登山道の通る稜線がやっと見えた。気力を振り絞って登り詰める。

出た所は、下降点の天池より100m も北にずれていた。3時間に及ぶ苦闘だった。疲れ切っていたが、暗くなる前に下山するには、休んでいる時間はなかった。避難小屋で荷物をまとめ、すぐに出発。昨日のような涼風はなく、暑い。休憩のたびに大量の水を飲む。分岐から先のブナ林の道は足に優しく、ハイペースで下る。17時50分、下山。登山道に残されていた靴跡は、自分のものだけだった。

生涯で最も厳しい滝探勝だった。

2日間の累積標高差約1850m、歩行距離約25㎞。

朝日連峰縦走

（山形・新潟県、大朝日岳1870m）　2017年8月27・28日

山容の重厚さ、山の奥深さ、生態系の原始性を有する東北屈指の山塊。朝日連峰を縦走することはずっと夢だった。しかし、車で向かうとなると、難しい問題があるため、なかなか決断ができなかった。東京に住む息子から、昨秋、縦走したと聞き、縦走の意欲が湧く。車で向かっても問題なく縦走できるコースを考え、マツムシソウが咲き誇る8月下旬に的を絞り、今回の山行となった。

前日、岐阜を発ち、山形県西川町の道の駅「にしかわ」で車中泊。翌27日、登山口の日暮沢小屋に向かう。早朝5時なのに駐車場は満車。林道脇に何とか駐車する。居合わせた人の話によると、復旧工事で通行止めだった林道が、先日、3年ぶりに通れるようになったばかりとのこと。大半の登山者が進むコースとは別の静かなコースをたどる。人はなく、雑草が生い茂る心細げな道。しかし、このコースを採ることで主稜を縦走し、登山口に戻ることができる。テープ印の所から尾根を直登する。見上げるばかりの急登に身が引き締まる。ブナの根が張り巡る道を、日陰の涼気に包まれ、ぐんぐん登る。ハナヌキ峰を越えると、古寺鉱泉《こでらこうせん》からの登山道に合流。

古寺山に着くと、朝日連峰のパノラマが広がり、ついに来たという実感が湧いてくる。大朝日岳を前方に望みながら登って行くと、待ちかねた銀玉水の水場があった。美味との評判通り、冷たいことこの上ない。右手に中岳のなだらかな斜面が見えてくる。緑に覆われた美しい安らぎの景観。思わず見とれる。大朝日岳山頂直下の大朝日小屋に着くと、周囲は百花繚乱の花園。山頂に立つと、祝瓶山《いわいがめやま》

をはじめとする南方の山並みが連なる。北方は以東岳に至る主稜の山並みが素晴らしい。今まで登ってきたコースも一望の下。主稜縦走路に入ると、急に人がいなくなる。この広大な山域に自分だけが存在するという感慨。満ち足りた山歩きの世界。この後、狐穴小屋に至るまでの5時間で、行き違ったのは単独の男性3人のみ。主稜はどこまでも伸びやかで美しい。振り返ると、大朝日岳の三角錐が見事。この完全無欠の山容を眺めることも、今回の目的だった。吹き渡る涼風が疲れた体を癒やしてくれる。やがて竜門小屋に着く。

ここから更に狐穴小屋まで行くのは気が重いが、再び歩き出す。息子が昨秋、ここを踏破したことに思いを巡らせながら歩く。赤トンボが群れ飛び、アゲハチョウが舞っている。寒江山《かんこうざん》の3つの隆起を越えていくのはつらいが、道の両側に延々とお花畑が続き、そのつらさを忘れさせてくれる。ただ残念なのは、マツムシソウのほとんどが散ってしまっていること。盛期の大群落は、辺り一面を紫色に染める壮観さだという。それを観るために、この時期に訪れたのだが、1週間ほど遅かったようだ。それでも咲き残っているマツムシソウは結構あった。

狐穴小屋に16時過ぎに到着。すでに2人が来ていた。しばらくして管理人がやってくる。以東小屋再建の手伝いに行っていたとのこと。小屋を留守にしていた償いにと、冷えたビールを頂く。小屋の外で缶ビール片手に話の花が咲く。この日の宿泊者は結局3人のみ。

翌28日。「重役風髭面《ひげづら》氏」は大朝日岳まで往復し、また、この小屋に泊まる予定とのこと。神奈川県座間市の「温厚氏」は以東岳を越えて大鳥池に下山するとのこと。荷物をほとんど小屋に置き、朝日連峰の北の重鎮、以東岳まで往復する。小屋の周囲は八久和川《やくわがわ》源頭の水が流れ、さながらオアシスのよう。目指す以東岳は霧のため上半部が見えない。強風が吹いて寒いが、花は至る所に咲いている。以東岳の登りが思いのほかきつい。強風が吹きつける中、頂に立つ。視界は全くなく、大鳥池を眼下に望めないのが何より残念。

引き返す途中、「温厚氏」と行き違う。霧が晴れて姿を現した以東岳は、重厚な山容を誇る。小屋に戻ると、管理人が2階の床にワックスを掛けておいたという。トイレもきれいに掃除してあった。有難いことだ。荷物をザックに詰め、管理人にお礼を言って出発。寒江山の登りが応える。寒江山に着くと、雄大な山容の西朝日岳がそびえる。この後、清太岩山《せいたいわやま》から望む大朝日岳や寒江山も規模雄大。標高1800m前後の山なのに、谷が深くて大きいため、日本アルプスに匹敵するスケールを感じさせる。朝日連峰の大きな魅力だろう。

もう一つの魅力は、360度の展望をほしいままに、伸びやかな稜線を縦走できることだろう。登山道が延々と続く様を眺められるのも魅力的。やはり、ここは縦走してこそ、その真価が分かるというものだろう。竜門小屋に着くと、「重役風髭面氏」がベンチで食事をしていた。予定通り大朝日岳まで往復してきたという。

ここから下山に掛かる。左手、オバラメキの岩峰群は特異な景観。その黄褐色の荒々しい岩壁群は、実に印象深い。下山コースは、登り返しがあり、長く感じた。下山口が近くなると、ブナやヒメコマツの巨木が目立ち、天然林のたたずまいが素晴らしい。15時20分、下山。一昨日、あれほどあった車は5台を残すのみ。それにしてもよく歩いた。朝日連峰を縦走した充足感にしばらく浸るだろう。

2日間の累積標高差3200m、歩行距離40㎞。

涸沢・北穂高岳（長野・岐阜県、北アルプス　３１０６ｍ）２０１7年9月29・30日

穂高の峰々に抱かれた涸沢《からさわ》カールは、登山者憧れの地。その涸沢をいよいよ訪れる時が来た。涸沢を訪れるなら紅葉期に、と決めてからもう10年以上になる。そして今年、好条件が重なり、実現の運びとなった。涸沢の山小屋は紅葉期、混雑を極めるため、思案の末、北穂高岳まで登り、山頂の北穂高小屋に泊まり、翌朝、戻ってくることにする。平湯からバス始発便で上高地に着くと、平日なのに人であふれている。真冬並みの寒さの中、出発。どこまでも続く登山者の列に加わる。梓川に出ると、穂高岳が素晴らしい眺め。

途中からパノラマコースに入ると、急に人がいなくなる。歩きづらい道を屏風のコルに向けてたどる。コルに着くと、涸沢側から強風が吹きつける。穂高岳の稜線は雲の中だが、山肌は美しく色づいている。屏風ノ耳に登るつもりでいたが、この天候と体力温存のため、見送ることに。途中で振り返り観る屏風ノ耳はピラミダルにそびえ、見事な山容。ここから涸沢までのコースは紅葉に彩られるが、岩場のトラバースが多くて気が抜けない。涸沢ヒュッテに着くと、周囲は美しい紅葉が取り囲み素晴らしい。ついに念願の涸沢にやって来た。

続々と到着する登山者が歓声を上げる。報道カメラマン氏が隣に来て、撮影の助言をしてくれる。そのうちに霧が晴れ始め、涸沢槍や涸沢岳が姿を現す。すると俄然、景色が引き締まる。それほど涸沢槍の存在は大きい。その涸沢槍の手前に鮮やかに紅葉した一帯がある。まさに絶妙の配置。わが国を代表する山岳景観だろう。

← 北穂高岳からの朝焼け　遠景は浅間山、左下は常念岳

涸沢ヒュッテを後にし、北穂高岳を目指す。振り返ると、前穂高岳北尾根のシルエットが、逆光に輝く黄葉《こうよう》に縁取られ、不思議な魅力を醸《かも》し出している。陽が西に回るにつれ、前穂高岳や北尾根に陽が射すようになり、アルペン的な景観を見せる。北穂高岳南稜コースは予想外の急登が続き、ペースが上がらない。16時半、やっと北穂高小屋に着く。苦労した甲斐があり、布団一枚を使って、ぐっすり眠ることができた。

翌30日。朝食後、外に出ると、雲が面白そうな形をしている。ユニークな朝焼けを撮れるかもしれないと思い、カメラを構えて待つ。思った通り、雲が色づき、劇的な朝焼けが現れた。6時、小屋を出発。山頂から滝谷をのぞくと、岩壁群が圧巻の眺め。霜柱が立つほど寒い中、昨日、あれほどつらい思いで登ってきた道を、快調に下る。涸沢に7時20分着。「池」のことを話す声が聞こえてきたので、そこを目指して進むと、雪渓末端の池に数人がいて、写真を撮っていた。涸沢槍の投影を捉える、絶好の撮影ポイント。

しかし、東の空に雲がかかり続け、陽が射さない。涸沢槍をはじめとする岩峰群が青空の下に際立つこと、山腹の紅葉に適度な陽が射し美しい色彩を放つこと、無風で手前の池面が鏡のように景色を映すこと—この3条件がそろうまで待ち続け、わずかなチャンスを捉えてシャッターを切る。それにしても、ここ涸沢の眺めは素晴らしいの一言。上高地に向けて下り始める。しかし、シーズン週末とあって、登山者の長蛇の列に、難渋を強いられる。途中で仰ぎ見た屏風岩は圧巻。高さ600m、幅1500m、国内最大の垂直岩壁。13時、上高地に着く。念願を果たせた今回の山行だった。

2日間の累積標高差2400m、歩行距離32㎞。

 ←← 涸沢の紅葉　中央の鋭峰が涸沢槍、右手先が北穂高岳

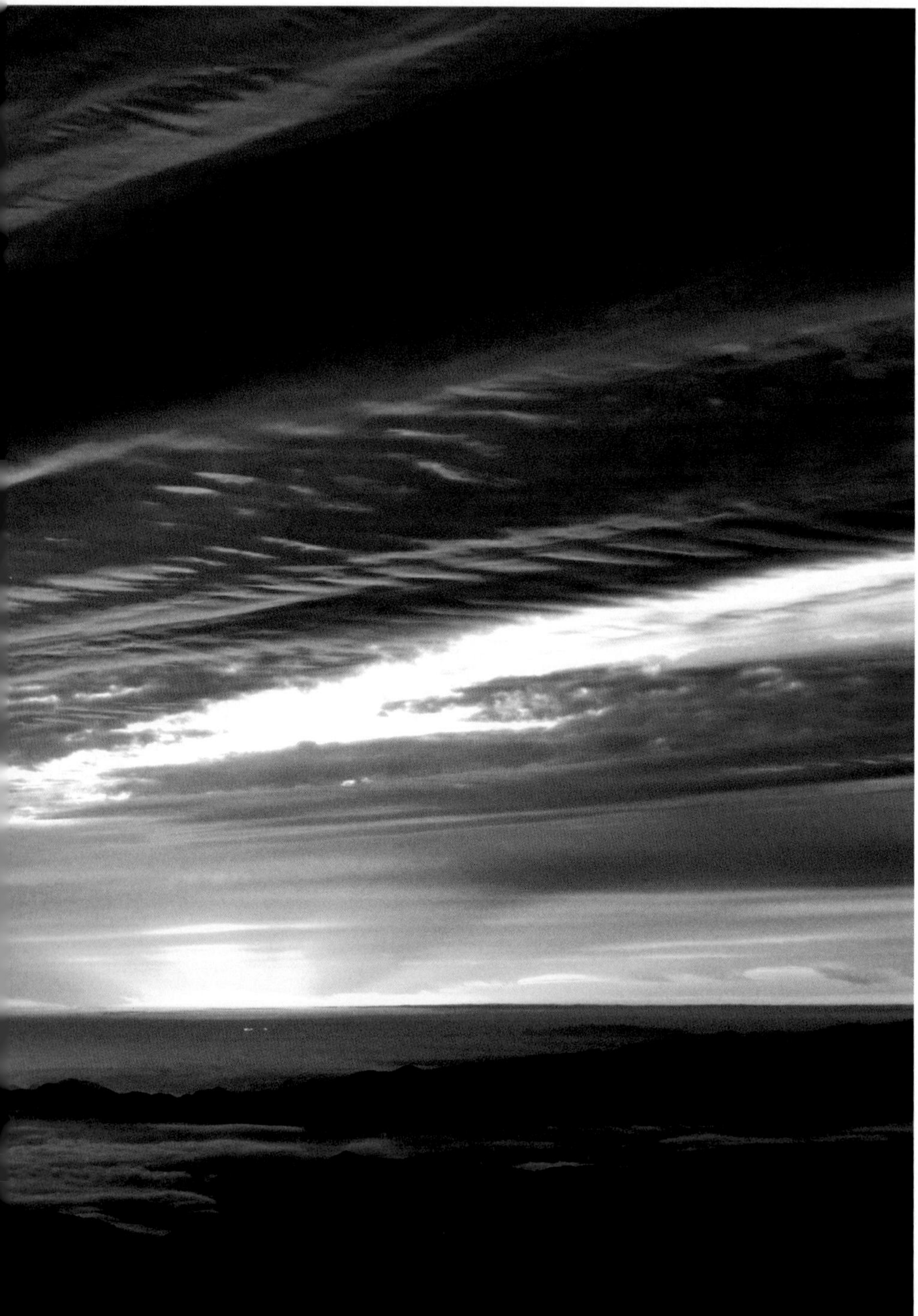

精進ヶ滝直下行

（山梨県、南アルプス鳳凰山）　２０１8年5月10日

南アルプス鳳凰山中にかかる落差１２１ｍの大瀑、日本屈指の名瀑。

遊歩道終点の滝見台から滝を望めるが、いかにも遠すぎる。険しいルートをたどって滝前及び滝直下に立って初めて、この滝の真価を実感できる。滝は北向きのため、5月〜7月の早朝にしか、滝に陽が射さない。新緑、雨後、薄陽の３条件がそろう日を待ち、今回の滝行を迎える。精進ヶ滝《しょうじがたき》の滝前に初めて立ったのは28年前のこと。その後、２度、撮影行を試み、職場の仲間と滝壺に至ったり、母を滝前まで案内したり、叔父を滝壺に案内したりしてきた。

初回は地元役場に、滝前に至るルートを問い合わせ、旧道跡を教えてもらい、それをたどって滝前に立った。花崗岩の大岩壁に囲まれた壮大な滝前空間に、心が震えた。一時は、全国の滝の写真集を出すという夢を持ち、中部・近畿地方の名瀑を精力的に撮ったが、実現不可能と断念。何しろ、この精進ヶ滝一つとっても、その最高の姿を捉えるのは至難の業。しかし、カメラがデジタルになり、岐阜市の写真・カメラ専門店「ミタフォート」で素晴らしいレタッチを施してもらえるようになって、滝の写真も再開。安ノ滝、百四丈滝、白水滝が一連の作品。今回の不安材料は天気と滝の水量。初日は小雨の降る中、山梨県北杜市に移動し、道の駅「はくしゅう」で車中泊。

翌10日、4時に起きると、やはり小雨が降っている。目指す山中は深い霧の中。諦めかけていると、微かに青空がのぞく。これは行くしかないと思い直し、精進ヶ滝へ向かう。遊歩道入口に着くが、山はまだ霧の中。しばらくすると小雨が止み、山を覆っていた霧も少し昇っていく。吊橋を渡り、薄暗

い樹林帯の中の道をたどる。言い知れぬ緊張と不安に全身を包まれ、野鳥の声に耳を傾ける余裕すらない。一ノ滝に着くと、水量の多さに驚かされる。

精進ヶ滝は姿を見せてくれるだろうか。今日はどんな姿をしているだろう。以前は、滝前に至る旧道跡との分岐点に「通行止」の標柱があったが、今回は代わりに「現在地③」の表示がある。踏み跡もほとんどないような状態で、すぐ下の増水した渓《たに》の中に消えているので、とても旧道跡には気付けないだろう。

腰まで没して対岸へ渡り、踏み跡を探すと、テープ印が目に入る。テープ印を見失わないよう、雨で濡れた急斜面を慎重に登って行く。濡れて滑りやすく、谷底へ滑落する危険が随所にあり、気が抜けない。神経が研ぎ澄まされ、生きていることを実感する時。ここに来るたびに踏み跡がはっきりしなくなり、ルートを見つけるのが難しくなる。

かなり登った後、渓筋に向けて下っていく。樹間に精進ヶ滝が望めるようになる。圧倒的水量だ。逸《はや》る心を抑えて慎重に進み、渓にせり出した大岩の上に出る。正面に精進ヶ滝が迫力あふれる姿を見せている。今まで目にした姿とはまるで次元の違う姿だ。圧倒的水量にもかかわらず、滝は整った形を保っている。この素晴らしい滝を前にして、独り有ることの喜びに浸る。

大岩の上に三脚を立て、カメラをセットして、数十枚撮る。しばらくすると、小雨が降り始めたので、往路を一歩、また一歩と、慎重に戻る。駐車場に着くと、遊歩道を整備している人が数人いた。その中の一人に声を掛けると、20年ほど前の冬、渓を遡行して、氷瀑の精進ヶ滝を観たことがあるという。

【精進ヶ滝直下へ】　２０２２年5月24日

精進ヶ滝直下行から無事戻る。叔父と滝直下に立ってから15年も経った。今回、豊かな水量と美しい新緑に恵まれ、素晴らしい滝の世界に浸ることができた。何といっても花崗岩の大岩壁が圧巻。これほどの感動を与えてくれる滝には、もう巡り合わないだろう。そして、もう二度とこの滝の直下へ行くことはないだろう。それほど危険を伴う滝行だった。４年前は雨の止んだ時によく行ったものだ。

深夜、岐阜を発ち、遊歩道入口に5時半着。今回は安全を期し、ヘルメットを着用。遊歩道をたどり、旧道跡に入る。対岸に渡り、急斜面を登って行く。標高差１００ｍほど高巻くのだが、崖ぎわの危険な所もあり、細心の注意を払いながら、一歩一歩進む。踏み跡を見つけるのが難しく、テープ印のみが頼り。それでも数回、行きつ戻りつする。

前回と同じ撮影ポイント、大岩の上に来ると、精進ヶ滝が全容を見せる。水量は多目で、滝が幅広になっている。いつ観ても素晴らしい。しばらくして薄陽が射すと、滝に生命力が宿る。明るい陽が射すと、躍動感があふれ、緑も初々しい美しさを発揮する。ザックを置き、滝壺を目指す。

岩の積み重なった右手斜面を直登する。崖を登り切ると、精進ヶ滝がはるかな高みから降り注いでいた。痺《しび》れるほど素晴らしい眺め。滝壺はやや見下ろす形になるが、巨大な落石でほとんど埋まっている。滝前の岩床にも大きな落石が散在。落石が気になり、ゆっくりとこの空間に浸る余裕がない。それにしても素晴らしい滝前空間だ。全国で一、二を争うだろう。慎重を期し、険路を戻る。

滝の下４分の１は手前の崖に隠れている　2022年5月撮影 →

迷滝（奈良県、大峰山）　2018年5月20日

大峰山中にかかる落差80mの秘瀑、名瀑。

6年前、叔父と紀伊山地の滝巡りをした際、探勝する予定だったが、手前で林道が通行止め。止むなく滝行を断念。今春、不動七重滝、精進ヶ滝と相次いで新緑の滝を撮りに出かけ、迷滝《まよいたき》にも再び心が向くようになる。

深夜に目が覚めてしまい、1時、出発。五條市大塔支所前から林道に入り、篠原に抜ける。この先、舟ノ川に沿う狭い林道を慎重に進む。心配した通行止めはなく、迷滝のかかるヒウラ谷との出合に着く。辺りに人の気配は全くなく、熊の出没を心配しながら歩き始める。滝に至る林道跡は荒れ放題で、随所に巨岩が転がり、崖は崩れている。数カ所、特に危険な崩落箇所があった。やがて前方に迷滝が望まれる。林道跡終点の支沢を渡った後、踏み跡がはっきりしない。持参した記録のコピーを取り出し、ルートを確認。右下に進み、沢に降り立つ。巨岩を縫って対岸に徒渉。目印は何もないが、見通しの利く樹林の斜面を登って行く。

すると突然、視界が開け、迷滝が眼前に現れる。素晴らしい、大きい、美しい……。二筋に分かれてオーバーハングする姿と、岩壁を流れ下る様が実に清々しい。その流れがさらに下のゴルジュに向かって斜めに下っている。滝全体の姿は、岩壁・岩盤の複雑な造形のため、変化に富んでいる。何より素晴らしいのは左右の垂直の大岩壁だろう。左側が灰色、右が黄褐色。この完璧な垂壁が、迷滝に風格と壮大さを与えている。これに比肩しうる垂壁を持つ滝は、白水滝と苗名滝くらいだろう。迷滝

を印象深くしているもう一つの要因は、滝前空間にあるだろう。開放感にあふれた、自然度１００％の空間と言ったらいいだろうか。滝を見上げる絶好の位置に岩場があり、そこから振り向くと、大峰の山並みがどこまでも見渡せる。

また、この岩場が実に魅力的だ。そのまま滝をかける岩盤・岩壁へと続き、一体感がある。滝をかける岩壁、流身下半が流れ下る岩盤、そして滝を望む岩場が、全て一つながりの岩で構成された、絶妙な滝前空間。岩の色が、黄味がかったり、青味がかったりと変化に富んでいるのも、印象を深くしている。自分が今まで目にしていなかった滝で、これほど深い感動を与えてくれる滝があったとは……。

到着してから1時間が経つが、滝に陽が射す兆しは全く見られない。当分の間、無理だろう。この日は娘の誕生日で、事前にケーキを予約してあり、夕方までには帰宅しなければならない。立ち去り難い気持ちを振り払って帰路につく。

林道の帰り途、危険な崩落箇所で足を滑らせ、肝を冷やす。幸い大事には至らなかった。帰宅したのは16時。往復６００㎞の記念すべき滝行だった。

火打山（新潟県、２４６２ｍ） ２０１８年7月14日

美しい山容と池塘《ちとう》、高山植物が魅力の名峰。この山に初めて登ったのは１９９５年夏のこと。妙高山と共に登るが、山頂は霧の中で視界は全くなかった。今回は23年振りの再登となる。５時、笹ヶ峰登山口を出発。快晴。早朝の清々しい空気に包まれ、白樺とブナの美林の中を快適に登って行く。富士見平を過ぎると、火打山《ひうちやま》と焼山が姿を現し、その美しさに目を見張る。朝の澄み切った空気と斜光線によって、これ以上ない鮮明な山容を見せている。高谷池《こうやいけ》ヒュッテを過ぎ、坂を上り始めると、高谷池の池塘群は空の碧さを映し、美しい姿を見せる。

しばらく進むと、日本庭園のような風情のある所に出る。雪渓から融け出た水が、散在する岩の間を流れている。すぐ先、左手の小池の周りにハクサンコザクラが咲き誇り、池には火打山が映り、思わず立ち止まる。下っていくと、天狗ノ庭の池塘群が姿を現す。池面に雪渓や火打山、青空を映し、素晴らしい眺め。山頂への最後の急登は、ミヤマキンポウゲとコバイケイソウの群落の中をたどる。左手にはハクサンコザクラの群落が斜面を赤紫色に染めている。

山頂に着くと、北アルプスの大展望が待っていた。残雪が多いため高山の雰囲気が漂い、今まで目にした北アルプスの展望中、最高のもの。東方は大雲海が広がる。南東彼方には南アルプス甲斐駒ヶ岳、北岳の鋭鋒が並び立ち、その左手に富士の姿も。静かな山頂、素晴らしい大展望。しばらくすると雷鳥が現れる。９時過ぎ、下山。

美しい池塘と花々、雪渓、青空、北アルプスの大展望―これぞ夏山という素晴らしい山行だった。

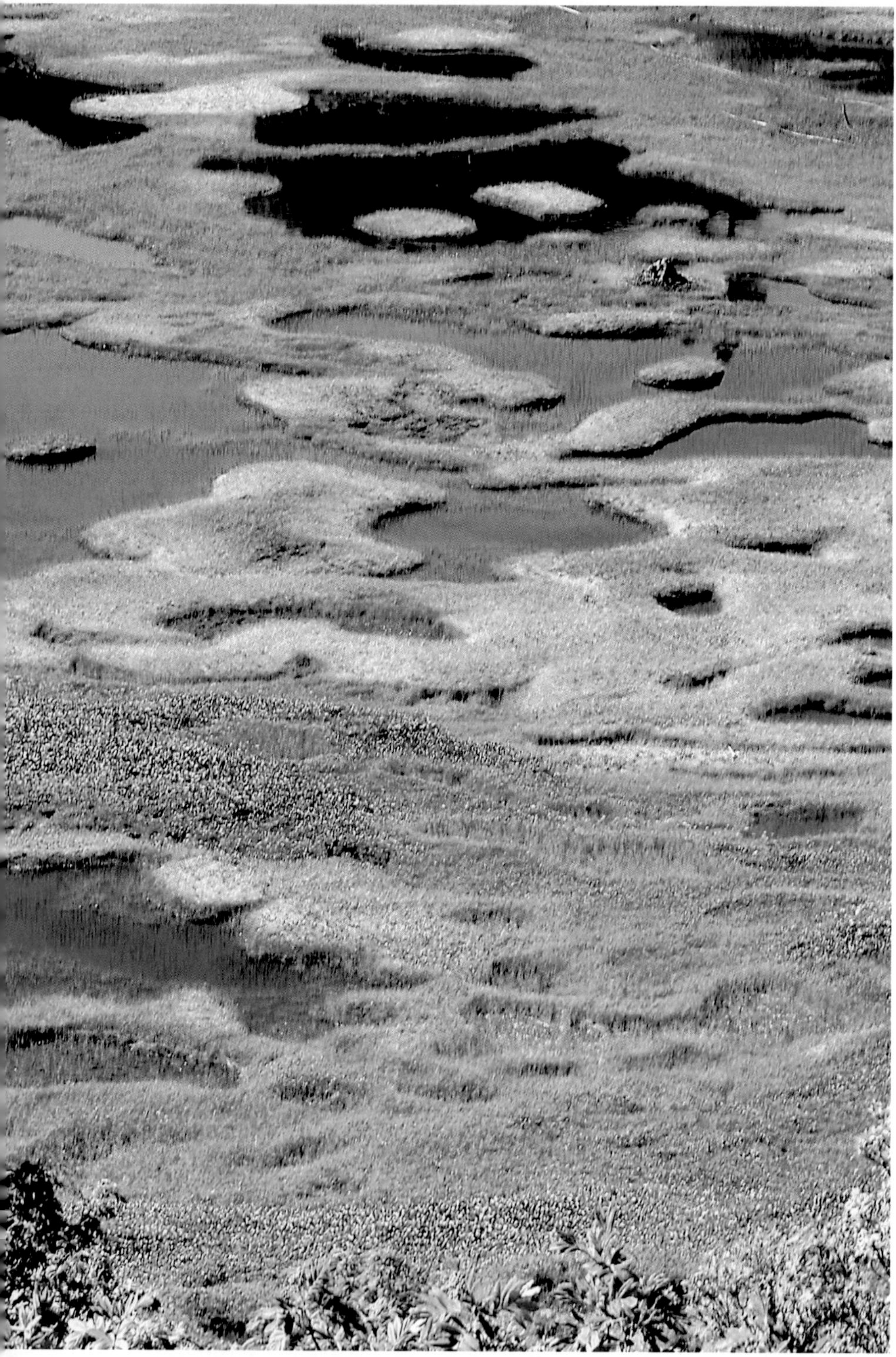

白木峰（岐阜・富山県、１５９６ｍ）　２０１８年6月14日

ついに白木峰《しらきみね》に登る。初任校、宮川中学校（現在、古川中学校に統廃合）の校歌にも歌われた郷土の名山だが、若かった当時、人里からは山容も望めず、さして高くもないこの山に関心を持つことはなかった。しかし半年前に購入した『岐阜県の山』（山と渓谷社）を読み、興味を引かれる。白木峰最大の魅力という北アルプスの大展望を期待し、自宅を発つ。打保から大谷林道に入り、万波高原《まんなみこうげん》を通って、登山口に駐車。初めて訪れる万波高原は平坦な地形が長く続く。宮川中の教え子Ｏ・Ｍが、かつてここで農業を営んでいたことに想いを巡らす。

9時半、出発。ブナ林の中を登って行く。ウグイス、コマドリ、ホトトギスの声が耳に心地よい。傾斜が緩むと、足下にはアカモノの花の大群落が続く。やがて小白木峰に着くと、北アルプスの展望が広がる。反対側には雲海の上に白山が浮かび、金剛堂山が目の前に望まれる。ここから緩やかな起伏を繰り返して進んで行く。途中でタケノコ採りの人たちと出会う。一人は15kgもあるというタケノコを背負っていた。コバイケイソウが咲き誇り、ニッコウキスゲも咲いている。

越中側からの道と合流し、正午、山頂に着く。ここからの眺望は素晴らしい。雲海の上に北アルプスが屏風のように連なり、胸の空くような景色。この方角からの北アルプスの展望は初めてで、新鮮味がある。ほとんどの山頂は夏雲に隠れてしまっていたが、雪渓を抱いた大山脈の様子は、はっきりと分かる。劔岳のみがその鋭角のピークを誇っている。この先へ木道をたどっていくと、小さな池が現れる。ウラジロヨウラクなどが咲く伸びやかな高原を、満ち足りた気分で進む。しばらく下ると「浮

島の池」に着く。ここはまさに雲上の楽園。ワタスゲの咲き誇る池塘《ちとう》越しに、北アルプスの大展望が広がる。腰を下ろし、美しい景色を眺めながら食事をする。

12時半、下山開始。車に戻るが、ドアが開かない。ザックのポケットを調べると、あるはずのキーと財布がない。唯一ザックを下ろした「浮島の池」で落とした以外に考えられない。取りに戻るしかない。空身で再出発。下って来る人に声を掛けるが、心当たりのある人は皆無。途中からは独り黙々と登り続ける。「浮島の池」に着く。しかしキーも財布も見当たらない。何度もくまなく探すが成果なく、茫然自失《ぼうぜんじしつ》。17時、失意の中、下山する。沢の水をペットボトルに汲み、車に戻ったのが19時。ドアはやはり開かず、携帯は「圏外」のまま。車は他になく、無人の高原で助けを求めることは絶望的に。じっとしていると寒くて耐えられそうもない。

19時半、ペットボトルを持ち、漆黒の闇の中、打保駅目指して歩き出す。通る車も明かりも全くない。電池切れを恐れ、ヘッドランプは最小照度に。万波高原を過ぎ、峠を越え、谷川に沿う曲がりくねった大谷林道を下っていく。谷川への転落を防ぐため、できるだけ山側を歩く。こうして3時間あまり経った22時45分、突然、目の前に赤くキラキラ輝くモノが現れて停まり、「芝田さんですか」の声。心配した妻が警察に連絡を取ってくれたのだ。ザックを取りに車まで戻ってくれ、2人の警察官Yさん、Oさんが念入りに車を調べると、助手席ドアの外部取手上にキーが見つかる。ドアを開けると、運転席の上に財布が見つかる。未だに事の顚末《てんまつ》は謎のまま。飛騨警察署に寄り、自宅に帰ったのは午前4時。歩行距離は、白木峰2往復と夜道を合わせ、40㎞に及んだ。

後日、飛騨警察署をお礼に訪れる。

 ← 浮島の池と北アルプス　左から白馬岳、劒岳、立山、薬師岳　2019年6月撮影

南岳・氷河公園

（岐阜・長野県、北アルプス、３０３３ｍ）２０１9年10月9・10日

南岳は穂高岳随一の大岩壁「滝谷」の絶好の展望地。氷河公園は、氷河によって造られた雲上の楽園で、槍ヶ岳の眺めが素晴らしい。

深夜、自宅を発ち、登山口の新穂高に5時着。静かな右俣林道をたどる。白出沢《しらだしざわ》に着くと、伸し掛かるようなジャンダルムのシルエットに目を見張る。槍平小屋から南岳新道に入る。樹林の急登後、ハシゴや鎖が随所にかかる豪快な岩稜ルートが続く。眺望は抜群で、滝谷の岩壁群を絶えず望むことができ、疲れも和らぐ。主稜手前の岩場を大きく北に巻くと、伸びやかなカール地形が広がる。16時、南岳小屋に着く。疲れ切った体を休めた後、すぐ先の獅子鼻展望台へ。ここは滝谷岩壁群を望む好展望地。岩壁群が刻々と夕陽に染まっていく感動的な景観を、独り眺め続ける。

翌朝、獅子鼻展望台に向かう。薄い雲を透かして赤い太陽がゆっくり昇ってくる。奥穂高岳、ジャンダルム、乗鞍岳に朝陽が射し、色付いている。大キレットの東面は特に鮮やかに染まっている。東方には、幾重にも重なる山並みの先に、中央アルプス、南アルプス、八ヶ岳、富士山のシルエットが印象深い。

朝食後、ウエストポーチにペットボトルを入れ、氷河公園目指し、小屋を発つ。少し先の分岐から下る。岩稜の直滑降ともいうべき豪快なルートで、随所に鎖、ハシゴがかかる。下ってから振り仰ぐと、とてもルートがあるとは思えないほど急峻だ。氷河公園に着くと、そこは別天地そのもの。何といっても槍ヶ岳の眺めが圧巻。氷河が造った巨石累々たる大庭園の趣も素晴らしい。ここが氷河公園

← 夕陽に染まる滝谷　山頂から手前にかけて槍～穂高縦走路が通る

を投影して美しい。

と称されるのも納得。点在するナナカマドの紅葉が彩りを添える。天狗池まで下ると、池面に槍ヶ岳を投影して美しい。

氷河公園を後に、険しい岩稜を戻る。暑さと水分不足で、空身なのに応える。左手の横尾右俣は典型的なカールの美しさを見せる。南岳小屋に戻ると11時。小屋は明後日襲来するという大型台風に備え、急きょ小屋仕舞いに追われていて、荷物を運ぶヘリも飛んできた。

11時半、下山開始。足腰が弱ってきて、後ろに重心がかかると尻もちをつき、前にかかると膝をカクンと折ってしまう始末。岩稜を過ぎると山腹の九十九折が長く続く。14時、槍平小屋に着き、一休み。再出発すると、前方に燦然《さんぜん》と輝く北穂高岳が現れ、目を見張る。予期せぬ景観に今回一番の驚き。白く輝くばかりの岩壁群が高くそびえる。滝谷出合に着くと、滝谷ドームを中心とした岩壁群が圧巻の眺め。わが国を代表する山岳景観だろう。

川原の中央まで進むと、滝谷雄滝が姿を現し、3千m峰の大岩壁群と見事な構成を見せる。氷河公園からの帰路、あの苦しい急登の最中、引き返さずにそのまま上高地へ下ればよかった、と何度も後悔したものだが、この景観を前に、その念も消えた。白出沢に着くと、白く輝くジャンダルムが目を射る。夕闇が迫る中、新穂高に戻ったのは18時だった。

今回の山行は、素晴らしい山岳景観の数々と、60代後半にしてハードなコースを踏破したことで、生涯屈指のものと言えるだろう。

2日間の累積標高差約3200m、歩行距離約27㎞。

←← 北穂高岳　滝谷ドーム　2023年10月滝谷出合より撮影

御嶽山撮影行

（岐阜・長野県、３０６７ｍ）　２０１９年5月21日

独立峰として富士山に次いで高い、日本屈指の名峰。

御嶽山《おんたけさん》を初めて観たのは中学生の時。自転車で長良川の堤防道路を走っていた時、突如、目に飛び込んできたその神々しい姿に目を見張った。２年前の5月、妻と久し振りに開田高原を訪れ、九蔵峠から残雪に輝く御嶽山を眺め、御嶽山を撮りたいと思った。３日後、早速、撮影に赴くが、黄砂の影響でくっきりせず。その後、撮影地点を研究。南北に並ぶ峰々（旧火口）がほぼ同じ高さで連なり、雄大な山容を捉えられる地点として地蔵峠に行き着く。撮影時期は、ほど良い量の残雪が山頂部をまとう5月中～下旬。朝陽が御嶽山を紅く染める時を狙う。

今日は好機とみて、1時、自宅を発つ。開田高原に入ると、前方に残雪の御嶽山がうっすらと望まれ、期待が高まる。国道から分かれ、地蔵峠に至る旧道に入ると、峠方面が霧で覆われ、不安になる。霧の中を上がっていき、峠に着くと、雄大な御嶽山が目の前に広がり、心躍る。

三脚にカメラを据えてしばらくすると、最高点の剣ヶ峰が朝陽に染まり始める。しかし、すぐに霧が昇ってきて視界を閉ざしてしまう。我慢して待つと、突如、霧が晴れ、紅く染まった御嶽山が姿を現す。しかし、またしても視界が閉ざされてしまった。朝焼けを撮るのは無理かと諦め、カメラを片付け始めた時、霧が晴れて御嶽山がその全容を現す。急いでカメラをセットし直し、シャッターを切る。満足できる写真が撮れた思いに浸りながら、地蔵峠を後にする。

← 朝焼けの御嶽山　左が最高峰の剣ヶ峰　地蔵峠より

剱沢・仙人池・池ノ平（富山県、北アルプス剱岳）２０２１年10月3～5日

剱岳東面は裏剱と呼ばれ、大雪渓、氷河、岩峰、池塘《ちとう》が織り成す、日本離れしたアルペン的世界が広がる。ここを秋、紅葉の盛期に訪れることが夢だったが、天候の状態、降雪による山小屋の閉鎖など難しい問題が多く、好条件がそろうまで6年待ち続けた。そして今年、ついに念願の裏剱へ。

初日、深夜に岐阜を発ち、立山黒部アルペンルート入口の扇沢駅に着くと、始発2時間前にもかかわらず長蛇の列。必死の思いで始発便を乗り継ぎ、登山口の室堂に着く。

ここからまず別山乗越を目指す。雷鳥沢から新室堂乗越に登り着くと、奥大日岳が堂々たる山容を誇っている。別山乗越から剱沢に向け、下っていく。剱沢小屋を過ぎると、登山者の姿がなくなる。単独での未訪ルートに入り、気を引き締める。しばらくは普通の登山道だったが、下るにつれ怪しくなってきた。剱沢は圧倒的な岩峰・岩壁が続き、紅葉と相まって素晴らしい景観を見せる。穂高岳の積木のような岩壁とは異次元の迫力が漂う。特に平蔵谷東側の岩壁は凄まじい。ここと並んで印象深いのは、東にそびえる「マイナーピーク」で、見事な山容を誇る。

この先、長次郎谷出合手前の大スラブ帯の通過が、このルート最大の難所。沢水が流れ下る見事なスラブをトラバースしていく。フィックスロープとアンカーボルトのお陰で通過できるものの、なかったら絶望的な所。足を滑らせたら50m滑落する。ここを慎重に通過。長次郎谷出合で雪渓を渡り、左岸沿いの道に出る。その先、ナムの滝が現れる。2段50mほどの立派な滝。やがて真砂沢ロッジに着く。山小屋の夫婦は親切で感じの良い人たち。シャワーを浴び、疲れを癒やす。夕食は美味絶佳。こ

れほどおいしい山小屋の食事は初めて。

2日目、3時に目が覚めた後、寝つけないので、思い切って早発ちする。西の空に沈みかけの三日月がかかる。広い三ノ沢を横切る時、暗くて前方がよく分からず緊張する。二俣の吊橋に着き、一息入れる。振り仰ぐと、朝陽が射し始めた八ツ峰岩峰群と三ノ窓氷河の眺めが素晴らしい。仙人新道に入ると、急登が続く。尾根に出ると、三ノ窓氷河と八ツ峰岩峰群の眺めが見事。特に西端の天突く岩峰「チンネ」にはほれぼれする。姿を現した小窓氷河は、包み込むような雰囲気が漂う。

仙人峠から仙人池に下る。仙人池に着き、誰もいない静かな池畔から、八ツ峰の眺めに見入る。無風の静止水面に八ツ峰がきれいに映り込んでいる。小屋前にザックを置き、池ノ平を目指す。池ノ平小屋に着くと、小屋前は絶好の展望テラスになっている。池ノ平に下ると、そこは誰もいない別天地。紅葉した山々に囲まれた湿原に、大小の池塘が点在し、チンネの岩峰がそびえる。これほどの楽園はないだろう。池塘の畔に腰を下ろし、眺め入る。

山小屋に戻り、カップ麺とビールの昼食。キャンプ用チェアに腰を沈め、チンネを眺めながらビールで喉を潤す。余裕の日程を組んだために実現した、何とも贅沢《ぜいたく》なひと時。チンネの反対側には、池ノ平山の赤味を帯びた大岩壁と、その右手に存在感のある白ハゲ、赤ハゲの山並みが続く。正午前、仙人池ヒュッテに戻る。山小屋とは思えない立派な桧《ひのき》風呂に浸かる。

3日目、4時前に起きて出発の準備をする。外に出ると満天の星がきらめいている。朝焼けが期待できそうだ。朝食開始の30分前に、食堂に先頭で並ぶ。その後、続々と人が並び始める。朝食を急いで済ませ、カメラを持って、すぐ近くの仙人池へ。撮影位置を決め、朝焼けを待つ。5時45分、チン

←← 仙人池に映る朝焼けの八ツ峰　← チンネと池ノ平

ネの頂に朝陽が射し始め、荘厳な光景が展開する。息をのんでシャッターを切る。まさか山行3日目の朝に、この光景に出合えるとは信じ難い心境。風はそよとも吹かず、鏡のような水面に朝焼けの八ツ峰が映り込む。

6時過ぎ、小屋を出発。二俣まで快調に下り、四ノ沢で冷たい水を飲む。分岐の橋で剱沢を渡り、ハシゴ谷乗越に向け、山腹を登って行く。支稜に出ると東面の明るい展望が開け、剱岳もよく望める。ここから丸太作りの豪快なハシゴをいくつも登り、乗越を経て下っていく。涸沢に出ると、大きな石の上を飛ぶように進む。大岩に赤ペンキの印がある所を行き過ぎたが、すぐに引き返し、西に上がる。しばらく進むと内蔵助平《くらのすけ》の分岐があった。近くの水流で昼食。

この先、内蔵助谷の右岸を下っていく。しだいに傾斜が急になり、随所にロープがかかり、気が抜けない。崩壊地を過ぎた所で先行する3人組に追いつく。剱沢の分岐からここまでの5時間で、初めて人に出会う。やがて黒部川本流に出て一安心。もう心配する所はない。赤沢岳のギザギザした強烈な山容が目を射る。黒部ダム手前の橋を渡った所で、若い女性2人が休んでいた。どこからですかと聞かれ、仙人池からと答えると、一人が「ヤバクない？」と相方に話す。後6日で70歳の誕生日を迎える自分の体力もまだ捨てたものではない、と思えてくる。黒部ダム駅に13時半に着き、扇沢から帰路につく。

黒部峡谷下ノ廊下、トムラウシ山、百四丈滝と並んで、生涯最高の自然探訪だった。

3日間の累積標高差、上り4100m、下り5100m、距離35㎞。

栗駒山（岩手・宮城県、奥羽山脈、1626m） 2020年10月6日

日本屈指の紅葉美で知られる東北の名山。前日、未明に岐阜を発ち、13時間かけて一関市内の宿へ。翌6日、天気がすっきりしないため、近郊を回る。昼食後、わずかに青空がのぞくので、登山口に向かう。栗駒高原が近づくと、次々と下って来る車に尋常ならざるものを感じる。紅く染まった山容が目に入り、心躍る。シャトルバスが発着する臨時駐車場に着くと、多くの車と人。ちょうど、上の駐車場が空き始めたので、そのまま車で上がる。

登山口に着くと、人、人、人……。何というにぎわい。強風の中、東栗駒コースをたどる。沢に出ると、溶岩塊の上を沢水が流れ下り、趣がある。東栗駒山《くりこまやま》に向けて登って行くと、左手の尾根が鮮やかな紅葉に彩られている。東栗駒山に登り着くと、強風で体がふらつく。しかし、ここから先は、目の覚めるような紅葉が続き、足が止まって先へ進めない。まさに夢見心地の世界。これほど見事な紅葉は初めてだろう。霧の中の急登を経て山頂に着くが、視界なし。

この先の「展望岩塔」へ向かうが、霧混じりの強風が吹きつける。少し先で2人組と行き違う。この悪天候のため引き返して来たという。もう少し先まで進み、天狗平手前で引き返す。振り返ると、霧の切れ間から、鮮やかに色づいた天狗平が望まれた。稜線の南側は切れ落ちていて、印象的な景観を見せている。眼下の紅葉も素晴らしい。山頂を越えて少し下ると、夢のような紅葉が広がる。これから下る尾根が、錦のじゅうたんのように色づき、その右手には御沢源頭が鮮やかに黄葉《こうよう》している。満ち足りた気持ちで錦のじゅうたんの中を下り、登山口に戻る。

 ← 東栗駒山から山頂を望む

苗名滝（新潟・長野県、妙高山）２０２０年11月５日

信越国境の関川にかかる日本屈指の名瀑。落差は55ｍ。

この滝の上流には広大な集水域があるため、水量は全国最大級で、融雪期は圧倒的水量を誇る。その轟音と地響きで地震滝《なゐのたき》とも呼ばれる。滝をかける岩壁の壮大な迫力は、この滝最大の魅力。柱状節理が発達した玄武岩の大岩壁は、幅１５０ｍにも及び、その規模と見事さにおいて、わが国で一、二を争う滝岩壁だろう。

初めて苗名滝《なえなたき》を訪れたのは、学生時代。サークルの夏季合宿が志賀高原であり、その帰途、親友のK君、H君と訪れる。その後、今までに延べ7度訪れる。２０２０年晩秋、雨後の水量に期待し、撮影目的で訪れる。滝遊歩道を進むと、森の香が漂ってくる。関川は水量多く、期待が高まる。滝前の吊橋に差し掛かると、東向きの滝は陽を浴び、豊富な水を落としている。期待以上の水量に、見応えがする。吊橋を戻って右岸沿いの道をたどり、滝の直前へ。

巨大な滝壺を前に、滝を真正面から望む。ここからは、大岩壁の迫力を間近に実感することができる。その反面、滝の構図が単純すぎて、高さも感じられにくくなる。次に吊橋に戻り、左岸沿いの怪しい踏み跡をたどる。行き着いた所からは、滝音が轟き、滝を大迫力で望むことができる。やや斜めに落ちる滝の構図も申し分ない。大きな虹が架かり、言うことなし。滝と一体となった、心が痺《しび》れるような至福の時を過ごす。

トッカリショ・蓬莱門（北海道）　２０２３年5月24日

室蘭の絵鞆《えとも》半島外洋は、海岸奇勝の宝庫。16年前、妻と北海道を周遊した際、トッカリショを訪れ、その景観に感動。トッカリショのある絵鞆半島に興味を持って調べていると、蓬莱門《ほうらいもん》に陸からたどり着けることが分かる。蓬莱門は気になっていた洞門だが、陸からは見ることができない、と思っていた。そこに歩いて行けるという。ただし、年に数回しかない大潮の干潮時に限られる。そこで室蘭の潮の干満を調べると、今回が絶好のチャンスと分かる。

前日、北海道に飛び、伊達市の宿に泊まる。翌朝、室蘭に向かい、トッカリショを撮影。その後、蓬莱門へ向かう。海岸に降り立つと、西側の岩壁が青空に映えて素晴らしい。オレンジ色のツツジと新緑が、岩壁に彩りを添える。東側には、蓬莱門とその両隣の岩峰が、異様な雰囲気を漂わせている。近づくほどに興奮が収まらない。２つの岩峰の間から蓬莱門がのぞいている。間近で見ると、太い角材を積み上げたような独特の岩質。陸側の岩峰は高さ１００ｍほどもある。海側の岩峰は垂直に切り立っている。共に凄まじい迫力。

潮が引いたばかりで、濡れた海藻やフジツボが一面に広がり、磯の香が漂う。両岩峰の間を抜けると、真正面に蓬莱門が、ナイフでえぐり取ったような大きな口を開けている。その形は完璧な長方形。この岩塔も節理の発達した見事なもの。陸側の岩壁群と新緑が印象深い。節理面が複雑な景観を見せている。その隣には先ほど通り抜けた大岩峰がそそり立つ。節理が全面を覆い、その色彩も変化に富む。まさに異界の造形。フライトの時刻が迫ってきたので、後ろ髪を引かれる思いで、蓬莱門を後にする。

←← 蓬莱門対岸の岩壁　←トッカリショ

用語解説

- 外輪山　複式火山の外側の火口縁
- 火口原　カルデラ内の平坦地
- カルデラ　火山噴火でできた巨大な凹地
- ガレ　岩屑が積み重なった所
- 逆層　岩の層が外へ、下向になっていること
- コル　二つのピーク間の窪んだ所
- ゴルジュ　切り立った岩壁に挟まれた峡谷
- ザレ　小石や砂を敷いたような所
- シュリンゲ　登山用テープで作った輪
- スラブ　滑らかな一枚岩
- 双耳峰　山頂に二つのピークがある山
- 高巻き　沢登りで滝などを迂回すること
- 滝前空間　著者の造語。滝の前面に広がる空間
- 池塘　高層湿原の池
- 柱状節理　岩体が柱状になった節理
- 直瀑　落ち口から垂直に落下する滝

- トラバース　斜面をほぼ水平に移動すること
- ナイフリッジ　左右が鋭く切れ落ちた尾根、岩稜
- ナメ　滑らかな岩盤を沢水が流れる所
- バリエーションルート　著しく困難な登攀ルート
- 比高　標高差のこと
- ビバーク　山中で緊急に夜を明かすこと
- フリクション　靴底の摩擦のこと
- へつる　岩壁にへばりつくようにして移動すること
- 窓　尾根上の低く窪んだ所
- モレーン　氷河が削り取った岩や土砂が土手のように堆積した地形
- リス　岩の細い割れ目
- 流身　滝の水流本体
- 累積標高差　登山コースの全ての比高の合計
- ルートファインディング　正しいルートを見分け、見つける技術
- ルンゼ　急峻な岩稜の縦の溝

蓬莱門 →

おわりにかえて

小学校4年生の時に教科書として配布された地図帳のとりこになり、小学校卒業までの3年間にボロボロになった地図帳を2度新調。それ以来、地図、地理が得意になり、名古屋大学で地理学を専攻。卒業後、教職に就き、岐阜県の中学校で10年、社会科教師として教壇に立ち、その後25年、小学校の教師を勤める。この間、多くの素晴らしい生徒、児童に出会う。

6年前から毎年、岐阜市内のギャラリー「ジャック&ベティ」で、写真展を開催。自然探訪以外の趣味は、地図を見ること。国土地理院の地形図は、900枚ほど所持。昭文社の登山地図には芸術的な美しさを感じる。クラシック音楽を聴くことも生涯の友。ベートーベン、ブラームス、モーツァルト、ブルックナーを愛聴。演奏家では、指揮者のフルトヴェングラー、チェリビダッケ、ピアニストのホロヴィッツ、ミケランジェリに傾倒。NHKのFM放送は毎日のように聴く。名古屋市の愛知芸術文化センターでのクラシックコンサートにも時々足を運ぶ。普段は卓球に親しんでいる。7つの卓球サークルに属し、毎日、汗を流している。卓球仲間の多くが写真展に来場してくれ、大いに励みになっている。

北海道や東北、九州など遠方の山や滝を探訪することができたのは、叔父芝田太氏の援助のお陰である。

本書出版に当たり、岐阜新聞社出版室の皆様には大変お世話になりました。厚く御礼申し上げます。

著者

芝田 宏和（しばた ひろかず）

1951年 岐阜市生まれ。

写真

カバー表：剱岳、チンネと池ノ平

裏：安ノ滝

本扉：剱岳、チンネと小窓氷河

藤田純江さんと　1994年8月撮影

山岳・瀑布・渓谷を巡る
～50年の記録

発　行　日　2023年12月2日
著・写真　芝田　宏和
発　　　行　株式会社岐阜新聞社
編集・制作　岐阜新聞社 読者事業局出版室
〒500-8822 岐阜市今沢町12　岐阜新聞社別館4F
TEL 058-264-1620（出版室直通）
印　　　刷　岐阜新聞高速印刷株式会社

ISBN978-4-87797-329-2